Dino der Draufgänger

und 93 weitere lustige Dinosaurier-geschichten

Illustrationen von Peter Stevenson

Texte von Geoffrey Cowan, Andrew Farrow, Debbie Hendren, Wendy Hobson, Sri Lakshmi Hughes, David Kremer, Kim Kremer, Valerie Kremer, Sue Miles, Anne Sharples, Joanna Walsh und Jenny Walters

Nebel
KINDERBUCH

Genehmigte Sonderausgabe für Nebel Verlag GmbH,
Danziger Str. 6, D-91052 Erlangen, 1994.

Titel der Originalausgabe: Dinosaur Tales for Bedtime
Übertragung aus dem Englischen: Karin-Jutta Hofmann

Printed in Great Britain

Antons Flugstunden

Anton Quetzalcoatl konnte nicht besonders gut fliegen. Sobald ihn seine Freunde durch die Luft kommen sahen, wild flatternd und mit ausgestreckten Beinen, rannten sie so schnell sie konnten weg, damit er nicht auf ihren Köpfen landete.

Eines Tages kam ein Vogel zu Besuch, der berühmt für seine Flugkünste war. Als er sah, wie Anton tolpatschig in der Luft herumflatterte und schließlich laut kreischend eine Bauchlandung in einer Pfütze machte, hielt er sich vor Lachen die Seiten.

»Ich weiß, warum du nicht richtig fliegen kannst«, sagte der berühmte Vogel und wischte sich die Lachtränen aus den Augen.

»Du bist so klein und hast so riesige Flügel! Aber mit deinen Flügeln und meiner Hilfe kannst du der beste Flieger der Welt werden.«

Da nahm Anton jeden Tag Flugstunden bei dem berühmten Vogel bis er sogar besser fliegen konnte als er. Seine Freunde bewunderten den neuen Anton, der plötzlich so elegant durch die Lüfte schwebte. Das Fliegen war für Anton nun nicht länger schmerzhaft und scheußlich. Es machte ihm mehr Spaß als alles andere auf der Welt.

Tomaten mit Sahne

Lizzie Stegosaurus mochte große rote Tomaten besonders gern. Sie aß sie am liebsten mit Sahne – so wie Erdbeeren. Liz-zie züchtete ihre Tomaten hinten im Garten und beschloß, sie beim nächsten Gärtnerwettbewerb auszustellen, denn sie hoffte, mit ihnen den ersten Preis zu gewinnen.

Als der große Tag kam, legte Lizzie ihre schönsten Tomaten auf den Tisch des Preisrichters und wartete gespannt auf die Ergebnisse.

»Der Gewinner des Tomatenwettbewerbs«, sagte der Richter, »ist Herr Kritosaurus aus Sumpfhausen!«

Zuerst war Lizzie darüber sehr wütend. Aber dann hatte sie eine Idee …

Als der Preisrichter auf einem anderen Tisch die Erdbeeren beurteilte, legte Lizzie heimlich ihre Tomaten dazu.

»Das sind die größten Erdbeeren, die ich JEMALS gesehen habe!« rief der Richter und schaute auf den Korb mit den Tomaten. »Sie gewinnen den ersten Preis im diesjährigen Erdbeerwettbewerb!«

»Ich wußte, daß der Richter kurzsichtig ist«, dachte Lizzie zufrieden. »Sonst hätte er bereits vorhin gemerkt, daß meine Tomaten die schönsten sind!«

Tillys Spielsachen

Tilly sollte ihre Cousins in Amerika besuchen. Schon mindestens zum fünften Mal hatte sie ihren kleinen Koffer ein- und wieder ausgepackt. Aber ihre Spielsachen paßten einfach nicht ganz hinein, und sie wollte doch alle mitnehmen, um sie ihren Cousins zu zeigen.

Doch dann hatte sie eine Idee. Vorsichtig öffnete sie den Koffer ihrer Eltern, nahm die obersten Kleidungsstücke heraus und legte dafür den Rest ihrer Spielsachen hinein.

»So viel Kleidung braucht sowieso kein Mensch!« dachte Tilly.

Am ersten Morgen in Amerika wachte Tilly auf, weil ihr Vater so brüllte. Er stand im Flur und hatte nur seine Unterwäschc an!

»Jemand hat mir meine Kleider gestohlen!« rief er entsetzt.

Tilly erzählte ihrem Vater was sie getan hatte, aber er war gar nicht so wütend auf sie. Inzwischen hatte ihm Onkel Ron auch etwas zum Anziehen gegeben.

»Am besten du gehst jetzt und zeigst William und Benjamin deine Spielsachen«, sagte Tillys Vater und zwinkerte ihr zu. »Es hat schließlich genug Ärger gemacht, sie mitzubringen!«

Zahnschmerzen

Dinosaurier putzen nicht jeden Abend ihre Zähne. Eigentlich vergessen sie meist, sie überhaupt zu putzen.

Henriette putzte NIEMALS ihre Zähne, und deshalb bekam sie wahrscheinlich auch solche fürchterlichen Zahnschmerzen. Es tat so weh, daß sie nicht schlafen konnte, und ihr Schmerzensgebrüll hallte so laut durchs Haus, daß alle aufwachten!

Henriettes Mutter tröstete sie, und Henriette hörte auf zu brüllen. Da hatte Großmutter die rettende Idee: Sie band ein Ende eines langen Fadens um Henriettes Zahn und das andere um den Türgriff. Als Großmutter die Tür schloß, spannte sich der Faden und zog Henriettes Zahn heraus. Endlich hörte der Schmerz auf, und alle konnten wieder ins Bett gehen.

Natürlich machte es Henriette nichts aus, einen Zahn zu verlieren. Sie hatte ja noch eintausendneunhundertneunundneunzig andere!

Lisas neues Kleid

Lisa sollte für die Hochzeit ihrer Cousine Bettina ein neues Kleid bekommen und ging mit ihrer Mutter in ein Bekleidungsgeschäft.

»Ich hasse Kleider«, sagte Lisa. »Warum kann ich keine Jeans anziehen?«

»Weil man zu einer Hochzeit eben keine Jeans anzieht«, erwiderte ihre Mutter und nahm ein Kleid vom Ständer. »Das hier ist ein schönes Kleid, probier es doch mal an!«

»Ich mag keine Rüschen«, maulte Lisa, »und Blumen gefallen mir auf einem Kleid auch nicht.«

»Dies hier ist hübsch«, meinte ihre Mutter.

»Igitt, da sind ja Schleifen dran«, protestierte Lisa.

Lisa gefiel keines der Kleider in diesem Laden … und auch keines in irgendeinem anderen Geschäft.

»Mir reicht es jetzt mit dir«, sagte ihre Mutter schließlich erschöpft und setzte sich auf eine Bank. »Geh und kaufe dir selbst ein Kleid, ich warte hier!«

Bald darauf kam Lisa mit einem Kleid zurück.

»Aber das hat ja Schleifen«, sagte ihre Mutter erstaunt, »und Rüschen!«

»Ich weiß«, antwortete Lisa, »aber es ist aus dem gleichen Stoff gemacht wie meine Jeans, und deshalb ist es das schönste Kleid, das es gibt.«

Kritzeleien

Nicky war eine richtige Plage. Er besaß einen dicken roten Buntstift, mit dem er alles vollkritzelte.

»Wer hat meinen neuen Drachen angemalt?« rief Hans Hadrosaurus (der darüber sehr traurig war).

»Wer hat meine Wäsche vollgeschmiert?« knurrte Stefan Stegosaurus (der seine Wäsche selbst wusch).

»Wenn ich den Kerl erwische, der auf meine Tür gekritzelt hat!« drohte Stefans Freund Dieter (der sich immer sehr aufregte).

Aber niemand erwischte den frechen Nicky, denn er rannte noch schneller als Eddi Eidechse (der wirklich sehr schnell war).

Eines Tages beschloß der listige Ludwig Nicky eine Lektion zu erteilen.

»Ich kann meinen Namen viel größer schreiben als du«, behauptete Ludwig und schrieb LUDWIG auf einen großen Felsen.

»Kannst du nicht«, sagte Nicky, sprang auf einen großen Stein und schrieb NICKY auf den größten Felsen, den es im ganzen Park gab.

Es war aber kein Felsen, sondern der Hintern vom schrecklichen Tyrannosaurus Ted. Nicky erschrak so sehr, daß er nie mehr die Sachen seiner Freunde vollkritzelte.

Osteiersuche

Es war Ostern, und die Dinosaurier veranstalteten eine große Ostereiersuche. Sie hatten schon neunundneunzig von den Eiern gefunden, die Billy für sie versteckt hatte. Nur ein einziges Schokoladenei mußten sie noch entdecken. Sie suchten überall.

»Bin ich schon nahe dran?« fragte Peter Pentaceratops.

»Sehr nahe«, antwortete Billy, »nur leider bewegt sich dieses Ei immer hin und her.«

Die Dinosaurier waren verwirrt. Sie schauten unter allen Büschen und Steinen nach. Alice suchte sogar im Nest von Frau Allosaurus, und einen Moment lang glaubte sie, das Ei endlich gefunden zu haben.

»Das gehört doch mir!« kreischte Frau Allosaurus entsetzt.

Schließlich sagten die Dinosaurier. «Wir geben auf. Verrate uns, wo das Ei ist!«

Billy lächelte. Er ging zu Peter Pentaceratops und zog das letzte Schokoladenei hinter dessen knochiger Halskrause hervor.

»Es war die ganze Zeit hinter deiner Nase!« rief Billy und aß das Ei schnell auf, denn die Ostereiersucher schauten sehr ärgerlich drein!

Der beste Boxer

Gregor Centosaurus war der beste Boxer in der Oberschule für Dinosaurier. Niemand hatte ihn je besiegt, deshalb war Gregor ziemlich hochnäsig geworden und kommandierte seine Schulkameraden gerne herum.

Eines Tages kam eine neue Schülerin in die Klasse. Ihr Name war Klein Mia, denn sie war wirklich sehr klein. Als Gregor begann, auch sie zu ärgern, forderte ihn Mia zu einem Boxkampf heraus.

»Ich kann doch gegen dich nicht kämpfen!« lachte Gregor. »Ich würde dich sofort besiegen.«

Die anderen redeten auf Mia ein, nicht gegen Gregor zu kämpfen, aber sie war entschlossen, ihm eine Lektion zu erteilen.

Alle Dinosaurier versammelten sich am Spielplatz, um dem Boxkampf zuzusehen. Gregor holte zum ersten Schlag aus, aber bevor er Klein Mia treffen konnte, war sie unter seinen Bauch gekrabbelt. Sie schlug aber nicht zu – sie kitzelte ihn!

»Hi hi hi«, kicherte Gregor. »Nicht, ha ha, hör' auf! Bitte hör' auf! Ich ergebe mich. Du bist die beste Boxerin!«

Mia lächelte und alle Dinosaurier jubelten.

»Ich wußte, daß du nicht so gefährlich bist, wie du tust«, sagte Mia. »Versprich mir, daß du niemanden mehr ärgerst, sonst kitzle ich dich wieder!« drohte sie. Und Gregor versprach es ihr ganz schnell.

Das Kostümfest

Simon Saurier war auf ein Kostümfest eingeladen.

»Ich verkleide mich als böses Monster«, sagte er. Deshalb bastelte ihm seine Mutter aus Pappkarton Krallen, die über seine Hände paßten, und eine furchterregende Maske. Aber das gefiel Simon nicht.

»Wie soll ich damit essen und trinken?« jammerte er. »Ich möchte lieber ein König sein.«

Zum Glück sahen die Krallen wie eine Krone aus, wenn man sie umdrehte, und aus einem Bettuch wurde ein schöner Umhang. Aber Simon war nicht zufrieden.

»Wie soll ich mit diesem Umhang Fangen spielen?« maulte er. »Ich will lieber ein Forscher sein.«

Mutter klebte die Krone als Speerspitze an einen Stock. Sie gab ihm einen Rucksack und einen alten Hut. Aber Simon gefiel auch das nicht.

»Wie soll ich Topfklopfen spielen, wenn ich das alles tragen muß?« beschwerte er sich. »Ich will lieber ...«

»Jetzt reicht's!« sagte seine Mutter. »Du kannst dir selbst ein Kostüm machen!«

Als es Zeit zum Gehen war, erschien Simon mit dem Rucksack, dem Umhang, der Monstermaske und der Pappkrone.

»Ich bin ein Phantasie-Saurier«, sagte Simon.

»Eine tolle Idee«, lachte seine Mutter und küßte ihn liebevoll auf seine Nase.

Hubert, das Ski-As

Hubert stand zum ersten Mal auf Skiern. Er war mit dem Skilift den Berg hinaufgefahren und schaute nun hinunter. Wie steil es hinabging! Gerade als er sich noch fragte, wie um alles in der Welt er hier jemals herunterkommen sollte, rutschten seine Skier weg, und schon sauste er den Hang hinab. Er konnte nicht mehr bremsen und wurde immer schneller!

Im Vorbeisausen hörte er jemand rufen.

»Du meine Güte, er rast genau auf die Sprungschanze zu!« Und das tat er tatsächlich …

»Aaaahh!« brüllte Hubert, als er die Sprungschanze vor sich liegen sah. Weil er nicht die geringste Ahnung hatte, wie er bremsen sollte, fuhr Hubert die Schanze hinunter, schoß durch die Luft, machte ein paar Saltos, und landete mit einem dumpfen Schlag wieder auf dem Boden.

Es dauerte eine Weile, bis Huberts Skilehrer die Stelle erreichte, wo Hubert in einem Schneehaufen lag. Er hatte sich den Schwanz verstaucht und einer seiner Skistöcke war abgebrochen.

»Als erstes«, sagte der Skilehrer, »werde ich dir beibringen wie man bremst!« Aber für heute hatte Hubert genug vom Skifahren.

Ganz besondere Schuhe

Alice Scelidosaurus wollte zu einer Party gehen und sich dafür ein neues Paar Schuhe kaufen. Es gab nur ein Problem: Alice hatte SEHR GROSSE Füße.

»Komm doch mit, Sylvester!« sagte sie zu ihrem jüngeren Bruder, der gerade ein Bild malte. »Ich brauche deinen Rat beim Schuhekaufen.« Sie gingen von einem Geschäft ins nächste, aber sie fanden keine Schuhe, die groß genug für Alices Füße waren.

Alice wurde langsam wütend. »Alle Dinosaurier haben doch große Füße!« sagte sie. »Es muß irgendwo Schuhe geben, die mir passen. Ich kann doch nicht barfuß zu der Party gehen!«

»Deine Füße sind eben größer als die der anderen«, antwortete Sylvester. »Aber ich habe da eine Idee ...«

Alice ging tatsächlich barfuß zu der Party. Aber niemand bemerkte es, denn Sylvester hatte ihr wunderschöne Schuhe auf die Füße gemalt.

»Oh, Alice!« staunten ihre Freunde. »Woher hast du diese schönen Schuhe?«

»Die habe ich mir extra anfertigen lassen«, antwortete Alice und lächelte.

Der Tagträumer

Roland Styracosaurus saß im Mathematikunterricht und träumte wie immer vor sich hin. Er dachte darüber nach, was er täte, wenn er in der Lotterie gewinnen würde. Vielleicht einen Sumpfspielplatz ganz für sich allein bauen? Oder eine Schokoladenfabrik kaufen? Oder in einem Privatflugzeug um die Welt fliegen …

»Roland!« rief da der Lehrer, Herr Megalosaurus, scharf. »Ich rede mit dir!«

Roland schaute entsetzt zur Tafel, auf die Herr Megalosaurus eine lange Rechnung geschrieben hatte.

»Oh nein!« dachte Roland. »Sicher will er von mir die Lösung hören. «Roland sagte einfach irgendeine Zahl. »Vierundfünfzig.«

»Nein!« sagte Herr Megalosaurus.

»Fünfhundertundzwei«, riet Roland voll Hoffnung.

»Nein!« sagte Herr Megalosaurus mit einer Stimme, die Roland erzittern ließ.

»Dreihundertacht?« fragte Roland eingeschüchtert.

Herr Megalosaurus seufzte. »Ich sagte, es ist Zeit heimzugehen, du Dummerchen!«

Roland schaute sich um und merkte, daß außer ihm niemand mehr im Klassenzimmer war.

»Danke, Herr Megalosaurus!« rief er erleichtert und machte, daß er fort kam.

Die große Rutschbahn

Die Dinosaurier machten ein Picknick im Park. Die Sonne strahlte, und es gab jede Menge zu essen. Als alle satt waren und die Erwachsenen schläfrig in der Sonne lagen, sagte Bodo: »Gehen wir zur Rutschbahn!«

Die Kinder rannten zur Rutschbahn, aber als die kleine Daisy sie sah, brach sie in Tränen aus.

»Was ist los, Daisy?« brummte der alte Martin Megalosaurus, als er sie weinen sah.

»Jemand hat die Rutschbahn zerstört. Der Tag war so schön, und jetzt ist alles kaputt!« heulte Daisy.

»Sei nicht traurig«, grinste der alte Martin. »Ich habe eine Idee. Komm her, und stell dich auf meinen Schwanz.«

Verwundert kletterte Daisy auf Martins Schwanz. Da beugte er plötzlich den Kopf nach unten, hob seinen Schwanz in die Höhe, und Daisy rutschte jauchzend die ganze Strecke über seinen Rücken hinunter.

Daisy und Bodo benutzten den alten Martin den ganzen Tag als Rutschbahn und fanden, daß dies viel schöner war, als auf einer gewöhnlichen Rutschbahn zu rutschen.

In der Badewanne

Attila Saltosaurus badete gern. Es gefiel ihm, wenn der Schaum über den Wannenrand tropfte und er mochte Seifen, die wie Tiere aussahen. Er konnte stundenlang in der Badewanne liegen. Das Dumme war nur, daß Attila etwas zu groß für die Wanne war. Sein langer Schwanz paßte nicht ins warme Wasser und wurde daher immer sehr schnell kalt.

Eines Tages lag Attila wieder in der Wanne und überlegte hin und her, wie er seinen Schwanz warmhalten könnte. Da hörte er seine Schwester Amanda herumschreien.

»Nein, nein, nein!« rief sie. »Ich lerne niemals stricken! Sieh dir diesen Pullover an – er hat so eine komische Form und ist außerdem viel zu groß!«

Da hatte Attila eine Idee: Er sprang aus dem Wasser, daß es spritzte, und stampfte die Treppe hinunter, wobei er überall seine nassen Fußstapfen hinterließ.

»Ich nehme den Pullover!« rief er und zog den Pulli über seinen Schwanz. Er paßte genau. Amanda war zufrieden und Attila auch – jetzt wurde sein Schwanz in der Badewanne nie mehr kalt!

Billy spielt Fußball

Billy Brontosaurus spielte für sein Leben gern Fußball. Aber die anderen Dinosaurier wollten ihn nicht in der Mannschaft haben.

»Du bist viel zu tolpatschig«, stöhnte Freddy, als Billy ihn mit seinem Schwanz umwarf.

»Du machst mit deinen großen Füßen Löcher ins Spielfeld«, kreischte Willi und kletterte aus einem riesigen Fußabdruck.

»Pschhhhh«, zischte der Ball, wenn Billy aus Versehen auf ihn trat.

»Du kannst nicht mitspielen«, sagten alle.

Billy weinte beinahe. Er durfte nur zusehen, wie die anderen sein Lieblingsspiel spielten. Aber dann kickte Freddy den Ball so hoch, daß er in einen Baum flog. Niemand kam so weit hinauf. Sie sprangen auf und ab und warfen Stöcke nach dem Ball, aber er hing fest.

Plötzlich, mit einem ›Plopp!‹ und einem Hüpfer, rollte der Ball wieder aufs Spielfeld! Billy hatte sich auf die Hinterbeine gestellt, den langen Hals gereckt und den Ball im Baum erreicht!

»Ein Hoch auf Billy!« rief Willi.

»Du kannst jederzeit mit uns Fußball spielen«, sagte Freddy, und Billy war sehr glücklich.

Das Kressebrot

»Wenn wir doch nur einen Garten hätten«, seufzte Katrina und schaute traurig aus dem Fenster. Es war ein heißer Sommertag und sie konnte sehen, wie ihr Nachbar seine Rosen goß.

Katrinas Familie besaß keinen Garten, denn Ihre Wohnung lag im ersten Stock.

»Wir könnten uns einen kleinen Garten anlegen«, sagte da ihr Vater.

»Wirklich?« fragte Katrina aufgeregt.

»Ja«, antwortete ihr Vater. »Ich zeige dir, wie's geht.«

Katrina und ihr Vater kauften ein Päckchen Kressesamen. Dann füllten sie Erde in eine alte Blechschüssel, säten den Samen aus und gossen Wasser darauf.

Damit das Ganze noch mehr nach Garten aussah, legte Katrina aus Kieselsteinen einen Weg und bastelte aus kleinen Stöckchen einen Zaun.

Katrina stellte ihren Garten auf ein sonniges Fensterbrett und goß ihn jeden Tag. Nach zwei Wochen war er voller kleiner grüner Pflänzchen.

»Jetzt kommt das Schönste«, sagte Katrinas Vater.

»Was denn?« fragte Katrina.

»Wir ernten die Triebe und essen sie auf!«

Sie aßen Katrinas Kresse mit Butterbrot und hartgekochten Eiern. Es schmeckte köstlich.

Der Zirkusartist

Alex wollte so gern Zirkusartist werden. Er hatte all seine Kunststücke wochenlang geprobt. Als er sie dem Zirkusdirektor vorführen sollte, war Alex sehr aufgeregt, aber er stieg mutig in die Manege und kletterte die lange Leiter zum Trapez hinauf. Auweia! Alex war nicht schwindelfrei und konnte daher keine Trapezkunststücke vorführen.

Dann sollte er dem Direktor seine Akrobatikkunststücke zeigen. Aber er schaffte nicht einmal einen Handstand. Der Zirkusdirektor seufzte.

»Versuchen wir's mal mit Jonglieren«, sagte er.

Alex strengte sich an, aber es war sinnlos! Dauernd fielen ihm die Bälle auf den Boden. Inzwischen hatten sich viele Dinosaurier versammelt, um Alex zuzusehen. Sie fanden seine Darbietung so komisch wie schon lange nichts mehr. Als der Zirkusdirektor das Gelächter hörte, hatte er eine Idee …

»Du wirst ein Clown!« sagte er zu Alex.

Und Alex wurde der beste Clown, den es je gegeben hatte.

Das alte Kleid

Birgit schaute zu wie ihre Mutter Kleidung aussortierte. Alle alten Kleider, die weggeworfen werden sollten, landeten auf einem Haufen, der immer größer wurde.

Dann fand Mutter ein rotes Kleid mit großen gelben Blumen darauf. Das war früher ihr Lieblingskleid gewesen. Mutter wollte es anziehen, doch es war ihr zu klein geworden. Wegwerfen wollte sie es aber auch nicht, deshalb überlegte sie, was sie damit tun sollte.

»Ich weiß!« sagte Mutter aufgeregt. »Aus dem Stoff nähe ich dir ein wunderschönes neues Kleid!«

»Igitt!« sagte Birgit. »Der Stoff gefällt mir nicht«, und sie ging in ihr Zimmer, um dort mit ihren Spielsachen zu spielen.

Später am Nachmittag kam Mutter in Birgits Zimmer.

»Ich kenne jemanden, der mein Lieblingskleid tragen will«, lächelte Mutter. Und sie hielt zwei winzige Kleidchen hoch, die sie aus dem Stoff ihres Kleides genäht hatte. Sie paßten Birgits Lieblingspuppe und ihrem Teddy.

Ein guter Kletterer

Jan kletterte unheimlich gern. Er konnte auf jeden Baum, jede Wand und jeden Zaun klettern.

Einmal ging sein Bruder Julian mit seinen Freunden zum Fußballspielen. Jan wollte auch mitkommen, aber Julian sagte, dafür sei er noch zu klein.

Also schlich Jan seinem Bruder heimlich nach und versteckte sich am Fußballplatz hinter einem Baum.

Kurz nachdem das Spiel begonnen hatte, schoß Michael den Ball über eine Mauer in einen fremden Garten.

»Den kriegen wir nie mehr zurück!« rief Julian.

»Lassen wir lieber meinen neuen Drachen steigen«, schlug Robert vor. Aber es dauerte nicht lange und der Drachen hatte sich in einem Baum verfangen.

»Oh nein!« rief Julian. »Was sollen wir nur tun?«

Da kam Jan hinter dem Baum hervor und sagte: »Laßt mich nur machen!«

Bevor jemand etwas einwenden konnte, war Jan über die Mauer in den Garten gesprungen, und kurz danach flog der Ball auch schon über die Mauer aufs Fußballfeld.

Dann kletterte Jan auf den Baum und holte den Drachen herunter.

Als Jan wieder unten ankam, jubelten die anderen ihm zu. »Ich glaube wir sollten meinen kleinen Bruder ab jetzt immer mit zum Spielen nehmen«, lächelte Julian und klopfte Jan anerkennend auf die Schulter.

Die rosarote Party

Sabinchen war sehr aufgeregt. In einer Woche würde ihre große Geburtstagsparty stattfinden.

»Was soll ich denn anziehen?« fragte sie ihre Mutter und schaute in ihren Kleiderschrank.

»Du könntest dein schönes weißes Kleid tragen«, sagte ihre Mutter. »Und dein rotes Haarband dazu.«

Aber auf dem Kleid war ein Schmutzfleck, daher steckte Mutter es in die Waschmaschine und ging das Waschpulver holen.

»Mein rotes Haarband muß auch gewaschen werden«, dachte Sabinchen und legte es schnell in die Waschmaschine.

Als Mutter später das frischgewaschene Kleid aus der Waschmaschine nahm, hatte es das rote Haarband rosarot eingefärbt!

»Mein Kleid!« schluchzte Sabinchen. »Ich kann es nicht mehr anziehen, und ich will auch keine Party mehr!«

»Sei nicht traurig«, tröstete sie ihre Mutter. »Wir feiern einfach eine rosarote Party!«

Und auf die Einladungskarten zu Sabinchens Party schrieb sie: »Einladung zur rosaroten Party. Jeder muß etwas rosarotes anziehen!«

Tanjas Tanz

Tanja konnte sehr gut tanzen. Als sie alle Tänze, die es gab, gelernt hatte, dachte sie sich selbst einen aus.

Sie übte den ganzen Nachmittag im Wohnzimmer zu der Musik im Radio. Dann war Tanjas Tanz so gut wie fertig – bis auf eine Kleinigkeit.

»Mir fällt einfach kein guter Schluß für meinen Tanz ein«, sagte sie. »Vielleicht hat ja mein Bruder eine Idee.«

Tanja öffnete die Tür zum Zimmer ihres Bruders und trat versehentlich auf eine Murmel. Sie schlitterte über den Fußboden, stieß sich am Bettpfosten und landete mit einer perfekten Rolle vorwärts auf dem Bett.

»Hast du dir wehgetan?« fragte ihr Bruder. »Das war ja ein schlimmer Sturz!«

»Das war kein Sturz«, antwortete Tanja. »Das war der perfekte Schluß für meinen Tanz!«

Die Diät

Onkel Brontosaurus war ein sehr dicker Dinosaurier. Er war so dick, daß ihm seine Kleider nicht mehr paßten. Da sagte ihm der Doktor, er müsse abnehmen.

Mutter kochte ein spezielles Essen für die ganze Familie, das Onkel Brontosaurus beim Abnehmen helfen sollte. Conny und Marc fanden das Essen gräßlich – nur ein bißchen Salat, Blätter und Trauben.

»Seit ihr alle satt?« fragte Mutter nach dem Essen.

»Ja, danke schön«, antwortete Onkel Brontosaurus. »Das war mehr als genug.«

In der Nacht bekam Marc einen Riesenhunger …

Leise schlich er die Treppe hinab und in die Küche. Er fand Schinken und Käse und machte sich daraus ein großes Sandwich. Gerade als er hineinbeißen wollte, hörte er Schritte im Flur.

»Ein Einbrecher!« dachte er und versteckte sich schnell unter dem Tisch. Von dort aus konnte er beobachten, wie der Einbrecher immer näher kam und sich schließlich an den Tisch setzte!

»Ich muß Vater holen«, dachte Marc. Aber als er vorsichtig unter dem Tisch hervorkrabbelte, sah er, daß der ›Einbrecher‹ niemand anderes war, als Onkel Brontosaurus, der gerade Marcs Sandwich verspeiste!

Der müde Toby

Toby war müde. Es war ein schöner warmer Tag und seine Mutter hatte ihm ein feines Mittagessen gekocht. Jetzt wollte er nur noch in den Garten gehen und in einer Mulde ein Schläfchen halten.

Ein paar Straßen weiter half Tobys Freund Sebastian seinem Vater im Garten. Sie hatten einen alten Zaun abgerissen und überlegten nun, was sie stattdessen dort aufbauen könnten.

»Sollen wir einen neuen Zaun aufstellen oder eine Hecke pflanzen?« fragte Vater. »Ich kann mich einfach nicht entscheiden!«

Sebastian wußte auch keinen Rat. »Ich gehe und frage Toby, was er tun würde«, sagte er.

Als Sebastian an Tobys Haustür klingelte, ließ ihn Tobys Mutter herein und sagte, daß Toby in der Mulde im Garten eingeschlafen war. Alles was Sebastian von Toby sehen konnte, waren die großen Knochenplatten, die auf seinem Rücken wuchsen.

»Jetzt weiß ich, was Vater machen soll«, grinste Sebastian und rannte nach Hause, »eine Mauer aus Steinplatten!«

Das Ungeheuer

Eines Nachts wachte Ricky auf, weil ihn irgendetwas erschreckt hatte.

»Tommy«, rief er, »wach auf!« Tommy rührte sich nicht. Er schlief tief und fest.

»Bitte, wach auf, Tommy!« flehte Ricky. »Im Garten ist ein riesiger Dinosaurier, und ich habe Angst!«

Plötzlich durchzuckte ein grelles Licht die Finsternis, und auch Tommy setzte sich erschrocken im Bett auf.

Sie rannten ins Schlafzimmer ihrer Eltern.

»Vati! Vati!« rief Tommy. »In unserem Garten ist ein riesiger Dinosaurier, der Feuer speit und brüllt!«

»Kommt mal mit«, sagte ihr Vater.

Er nahm Ricky und Tommy bei der Hand und führte sie zum Fenster, gerade als das Ungeheuer so viel Feuer spie, daß der Himmel davon ganz hell wurde.

»Das war ein Blitz«, sagte Vater.

Da brüllte das Ungeheuer so laut, daß sogar Vater erschrak.

»Das war ein Donner«, sagte Vater.

Dann fing es an zu regnen.

»Das ist kein Ungeheuer«, beruhigte der Vater Ricky und Tommy. »Es ist ein Gewitter. Ihr könnt jetzt wieder ins Bett gehen.« Und bald schliefen Ricky und Tommy wieder tief und fest.

Omas Gebiß

Oma Tyrannosaurus war schon sehr alt und auch sehr vergeßlich. Sie hatte ein riesiges künstliches Gebiß, das sie ständig verlor.

Eines Tages sagte Oma Tyrannosaurus mal wieder: »Ich habe mein Gebiß verloren, was soll ich denn jetzt nur machen.«

Alle seufzten. »Wir finden es bestimmt«, sagte Mutter – denn für gewöhnlich tauchte es immer irgendwo auf.

Die ganze Familie machte sich auf die Suche nach Großmutters Gebiß. Mutter schaute in der Küche in alle Töpfe und Pfannen.

Cordula suchte im Gartenteich, Tante Rosa suchte im Wohnzimmer unter jedem Kissen.

Vater suchte überall da, wo er glaubte, daß noch niemand gesucht hatte, aber keiner fand Omas Gebiß.

»Wir suchen später weiter«, sagte Mutter schließlich. »Jetzt trinken wir erst einmal Tee.«

»In Ordnung!« riefen alle begeistert und rannten in die Küche. Die Suche hatte sie hungrig gemacht.

Cordula biß in ihren Kuchen und schaute zu ihrer Großmutter. »Ach, Oma!« sagte sie.

»Ach, Oma!« sagte Tante Rosa.

»Ach, Oma!« sagte Mutter. »Dein Gebiß ist doch in deinem Mund!«

Dino, der Draufgänger

Dino, der Draufgänger, arbeitete beim Film. Er ersetzte in gefährlichen Szenen die Filmstars. Am liebsten spielte er in Flugzeugszenen mit. Deshalb nannten ihn alle Dino, den Draufgänger, obwohl das natürlich nicht sein richtiger Name war.

Eines Tages besuchte er seinen Neffen Nils, der alles über den Beruf seines Onkels hören wollte.

»Ich wette, es gibt kein Flugzeug, das du nicht fliegen kannst!« sagte Nils stolz.

»Da hast du allerdings recht«, antwortete Dino, der Draufgänger.

Dann zeigte ihm Nils sein neues, ferngesteuertes Modellflugzeug. Dino und er gingen in den Park, um es auszuprobieren. Nils ließ das Flugzeug tolle Loopings ausführen. Dann gab er Dino, dem Draufgänger, die Fernsteuerung.

Plötzlich sauste das Flugzeug genau auf Dino zu. Er konnte sich gerade noch mit einem Sprung zur Seite retten, und das Modellflugzeug machte eine Bruchlandung im Gras.

»Puh!« grinste Dino, der Draufgänger verlegen. »Das ist das erste Flugzeug, das ich nicht fliegen kann!«

Der große Tim

»Warum habe ich so einen langen Hals?« fragte Tim.

»Du kannst froh sein, daß er so lang ist«, lächelte seine Mutter. »Man kann damit ins oberste Schrankfach hineinsehen, oder in einer Menschenmenge über die Köpfe der Leute schauen.«

Tim wußte nicht, ob er darüber froh sein sollte. Auf dem Heimweg von der Schule hatte er sich nämlich am Ast eines Baumes den Kopf gestoßen.

Da hatte Tims Mutter eine Idee. Am nächsten Tag machte sie mit Tim und seinem Freund Patrick einen Ausflug in einen Irrgarten.

»Geht ihr nur hinein«, sagte sie. »Ich bleibe hier draußen und ruhe mich aus.«

Tim und Patrick folgten den anderen Besuchern auf schmalen Wegen bis zur Mitte des Irrgartens. Aber dann fand niemand mehr heraus. Überall waren sie von hohen Hecken umringt.

»Was sollen wir jetzt tun?« fragte Patrick.

»Folgt mir!« grinste Tim. Er streckte seinen Hals bis er über die Hecken schauen konnte und führte alle sicher zum Ausgang zurück.

»Du hattest recht, Mutter!« rief Tim glücklich. »Ein langer Hals kann wirklich sehr nützlich sein!«

Rosi und Rex

»Er gehört mir!« rief Rosi.

»Nein, mir!« rief Rex.

Die schrecklichen Tyrannosaurus-Zwillinge stritten sich um ihren Spielzeuglastwagen. Rosi zog an einem Ende, Rex am anderen. Der Spielzeuglastwagen würde gleich auseinanderbrechen …

»Wenn du nicht losläßt«, sagte Rex, »zertrete ich dein Puppenhaus!«

»Und wenn du nicht losläßt«, sagte Rosi, »zertrete ich deinen Lieblingsteddy!«

»Wenn du nicht losläßt«, schrie Rex, »mache ich dein Fahrrad kaputt!«

»Und wenn du nicht losläßt«, fauchte Rosi, »zerbreche ich deinen Drachen!«

»Wenn du nicht losläßt«, brüllte Rex, »zertrümmere ich dein Zimmer!«

»Wenn du nicht losläßt«, kreischte Rosi, »zertrampele ich deine Ritterburg!«

»Wenn ihr beiden nicht aufhört herumzubrüllen«, sagte Frau Tyrannosaurus, »gibt es später keinen Kuchen zum Tee.«

Sofort waren Rosi und Rex mucksmäuschenstill.

Der vergeßliche Fred

Fred lag im Bett und gähnte. Heute war Montag, und er hatte seine Hausaufgaben nicht gemacht. Fred wußte, es würde ein scheußlicher Tag werden.

»Ich will nicht in die Schule gehen«, brummte er unter der Bettdecke hervor, als seine Mutter kam.

»Du bist aber ziemlich vergeßlich«, lächelte sie.

Freds Schwestern standen an seiner Zimmertür.

»Du hast es doch nicht vergessen?« kicherten sie.

Fred hörte die belustigte Stimme seines Vaters: »Hat Fred wieder einmal seinen Kopf vergessen?«

Was machte es schon, daß er wirklich ab und zu etwas vergaß. Es war gemein, ihn dafür zu necken. Es würde ein ganz besonders scheußlicher Tag werden.

Brummig wälzte er sich aus dem Bett, zog sich so langsam an, wie er konnte und schlurfte mürrisch in die Küche.

Aber dort wurde seine brummige Mine plötzlich zu einem strahlenden Lächeln.

»Alles Gute zum Geburtstag, Fred!« rief seine Familie und überhäufte ihn mit Karten, Küssen, Glückwünschen und Geschenken.

»Ach, Fred«, sagte seine Mutter. »Du bist wirklich sehr vergeßlich!«

Melissas Garten

Melissa wollte schon immer einen Garten für sich allein. Sie vergaß nie die Pflanzen im Garten ihrer Eltern zu gießen und entdeckte stets als erste die zartgrünen Schößlinge, wenn sie durch die Erde kamen.

Heute roch es nach Frühling und als Melissa ihre Mutter fragte, ob sie Blumensamen aussäen dürfe, antwortete ihre Mutter.

»Ja, wir säen ihn auf der linken Seite vom Weg aus.«

Melissa holte eine Schaufel und den Blumensamen, den ihr Tante Betti zum Geburtstag geschenkt hatte.

Sie grub den Boden um und entfernte das Unkraut – genauso wie es ihre Mutter immer tat.

Dann siebte sie die Erde durch ihr Sieb, bis sie schön fein war – genauso wie es ihr Vater immer tat.

Sie steckte den Samen in die Erde. Dann goß sie die Stelle und steckte ein Schildchen in die Erde, auf das sie ›Melissas Blumen‹ geschrieben hatte.

Stolz zeigte Melissa ihrer Mutter ihr Werk.

»Du bist wirklich eine gute Gärtnerin, Melissa«, staunte ihre Mutter. »Du solltest auch auf der rechten Seite des Weges etwas aussäen!«

In diesem Frühling waren Melissas Blumen die schönsten im ganzen Garten.

Das Sumpfmonster

Martin und seine Familie gingen zum Picknick.

Martin hüpfte fröhlich voraus. Er hatte die ganze Woche lang jeden Tag sein Bett gemacht, deshalb hatte ihm seine Mutter versprochen, daß er heute das tun durfte, was ihm am besten gefiel.

Als er um die Kurve kam, leuchteten seine grünen Augen auf. Er sah die Wiese und dahinter den braunen, schlammigen Sumpf. Mit einem Freudenschrei rannte er darauf zu.

Bald kam auch seine Familie an. Mutter und Vater setzten sich ins Gras und die Kinder spielten.

Plötzlich hörten sie aus dem Sumpf ein seltsames blubberndes Geräusch. Große Schlammblasen entstanden und zerplatzten an der Oberfläche. Dann erhob sich ein matschiger Berg aus dem Sumpf und zwei strahlend grüne Augen blinzelten sie listig an. Die Kinder waren starr vor Schrecken. Die schlammige Gestalt kam direkt auf sie zu!

Da wischte sich das Monster mit seinen großen Klauen den Schlamm aus dem Gesicht, und die Kinder lachten, denn sie erkannten – Martin!

»Ich mache mein Bett gerne jeden Tag«, kicherte er, »wenn ich dafür in den Schlamm springen darf!«

Ingwerplätzchen

Mark kam in eine neue Schule. In der Nacht vor dem ersten Schultag konnte er nicht schlafen, weil er Angst hatte, daß ihn dort niemand mögen würde.

Am nächsten Morgen brachte ihn seine Mutter in die neue Schule.

»Alles wird gutgehen«, lächelte sie und gab ihm noch sein Frühstückspaket.

Der Lehrer stellte Mark seinen neuen Mitschülern vor. Den ganzen Morgen arbeitete er fleißig im Unterricht mit, aber er war zu schüchtern, um mit den anderen Kindern zu reden. In der Pause öffnete Mark sein Lunchpaket. Seine Mutter hatte ihm Ingwerplätzchen eingepackt. Sie mußte wohl vergessen haben, daß Mark Ingwerplätzchen nicht ausstehen konnte! Was war das nur für ein schrecklicher Tag …

Doch da kam ein hübsches Dinosauriermädchen auf ihn zu und sagte.

»Ich gebe dir meine Orange, wenn du mir dafür eins von deinen Plätzchen abgibst.«

Mark lächelte und sagte: »In Ordnung!«

Bald war Mark von einer Schar Kinder umringt, die auch gern ein Plätzchen haben wollten. Als die Schule zu Ende war, hatte Mark viele neue Freunde gefunden.

Freudestrahlend kam Mark nach Hause und sagte: »Mami, kannst du noch mehr Ingwerplätzchen backen? Sie haben uns so gut geschmeckt!«

Der singende Alfred

Alfred sang für sein Leben gern! Er sang unter der Dusche, im Bett, im Garten. Aber am liebsten sang er anderen Leuten etwas vor.

Er fand seine Stimme wunderschön, die anderen Leute hielten sich jedoch bei seinem Gejaule die Ohren zu.

»Hör auf damit!« rief ein Nachbar.

Der Postbote wollte ihm keine Post mehr bringen, und ein anderer Nachbar lief nur noch mit Ohrenstöpseln herum. Aber Alfred sang trotzdem weiter!

Dann zog eine neue Familie in die Straße. Sie hörten Alfred gern singen. Oft luden sie ihn zu ihren Parties ein, und baten ihn darum, etwas vorzusingen. Alfred war glücklich, weil er endlich Freunde hatte, die seine Stimme mochten.

Er sang jetzt noch lauter und noch öfter. Alfred fand seine neuen Freunde einfach toll. Er war jedoch der einzige, der sie mochte.

Kannst du dir denken warum?

Die mutige Retterin

Doris lernte gerade schwimmen. Sie war eifersüchtig auf ihren Bruder Klaus, denn er konnte es bereits. Und als er sie dann auch noch mit Wasser vollspritzte, war sie richtig wütend auf ihn.

»Laß mich doch in Ruhe«, schrie sie. »Ich kann auch schwimmen, wenn es sein muß!«

»Aber nur wenn du am Grund mit den Füßen mitlaufen kannst«, neckte sie Klaus und hatte damit beinahe recht.

So sehr sie sich auch bemühte, Doris schaffte niemals mehr als ein oder zwei Schwimmzüge.

Plötzlich kam ein starker Windstoß, fegte ihre Kleider und Handtücher von der Bank und blies Doris' Lieblingsstofftier Dicki ins Wasser!

»Dicki!« rief sie entsetzt und schwamm los, um ihren geliebten Freund zu retten.

Klaus traute seinen Augen nicht! Doris schwamm, ohne daß sie mit ihren Füßen den Grund berührte. Sie schwamm die ganze Strecke zu ihrem Stofftier Dicki, das mitten im Teich trieb.

»Bravo!« rief Klaus, als Doris den tropfnassen Dicki erreicht hatte und ihn ans Ufer zog.

»Ich sagte doch, ich kann schwimmen, wenn es sein muß!« sagte Doris lachend.

Einkauf mit Robbi

Nichts haßte Robbis Mutter mehr, als mit ihrem Sohn im Supermarkt einzukaufen, denn er war eine Plage.

Wenn sie ihn im Wagen an den Regalen vorbeischob, stieß er andauernd absichtlich etwas herunter. Wenn seine Mutter nicht hinsah, warf er heimlich Schokolade und Plätzchen in den Einkaufswagen.

»Was soll ich nur mit ihm machen?« dachte seine Mutter verzweifelt. Dann sah sie ein kleines Mädchen ganz ruhig in einem Einkaufswagen sitzen. Es hatte ein Malbuch und malte die schönen Bilder aus.

Als Mutter das nächste Mal mit Robbi zum Einkaufen ging, nahm sie auch ein Malbuch und ein paar Buntstifte mit. Robbi war die ganze Zeit friedlich und malte die Dinosaurier in seinem Malbuch aus. Als er damit fertig war, waren sie schon wieder zu Hause.

Das Weihnachtsspiel

»Mami!« rief Stefan aufgeregt als er von der Schule nach Hause kam. »Ich spiele bei einem Theaterstück mit und ich bin ein König, und ihr müßt kommen, und es ist für Weihnachten, und ich muß meinen Text lernen und …«

»Hol erstmal Luft«, lachte seine Mutter.

Am Nachmittag übte er mit seiner Mutter den Text.

»Ich sage zuerst Peters Text«, sagte seine Mutter. »Wer will hier das göttliche Kind besuchen?«

»Ich heiße Balthasar und äh … und … «, sagte Stefan, der nicht mehr weiterwußte.

»Das war schon sehr gut, mein Schatz«, sagte seine Mutter. »Versuchen wir es noch einmal.«

»Ich heiße Balthasar und ich bringe … äh, äh … «

»Wir üben einfach noch ein bißchen, nicht wahr?« sagte seine Mutter geduldig. Und das taten sie auch.

Am Tag der Aufführung war niemand so aufgeregt wie Stefans Mutter. Stefan hatte es nämlich einfach nicht geschafft, sich seinen Text zu merken.

Als die Könige auf die Bühne kamen, hielt sie den Atem an.

»Wer will hier das göttliche Kind besuchen?« sagte Peter, und Stefan trat einen Schritt vor.

»Ich heiße Balthasar, und ich bringe Gold für das göttliche Kind«, sagte Stefan. Und seine Mutter war sehr, sehr stolz auf ihn.

Das Schattenmonster

Oliver Nodosaurus sah zum Fürchten aus und hatte eine sehr laute Stimme. Frau Protoceratops, die Deutschlehrerin, fand, daß er in dem Schultheaterstück das große böse Monster spielen sollte.

Aber obwohl Oliver so böse aussah, war er in Wirklichkeit sehr schüchtern. Er wollte nicht auftreten, aber er wagte auch nicht, nein zu sagen.

Am Abend der Aufführung hatte Oliver schreckliches Lampenfieber. Er traute sich nicht auf die Bühne, sondern versteckte sich hinter dem Vorhang.

Da sah der kleine Willi, der unter den Zuschauern saß, wie Olivers Schatten auf die Bühne fiel.

»Seht nur!« rief er. »Da ist das Monster! Ich kann seinen riesigen Schatten sehen!«

Die Zuschauer waren begeistert. Sie fanden es viel gruseliger, nur den Schatten zu sehen und sich dabei vorzustellen, wie das Monster wohl aussehen würde, als wenn ein Schauspieler die Rolle gespielt hätte.

»Eure Lehrerin ist sehr klug«, sagte jemand von den Zuschauern später. Denn niemand wußte ja, was wirklich geschehen war. Außer Oliver und Frau Protoceratops, der das überhaupt nichts ausmachte.

Ein verregneter Tag

Brigitte und Jürgen schauten durch das Fenster in den grauen Himmel.

»Wir werden heute nicht zum Spielen in den Park gehen können«, jammerte Jürgen. »Sieh nur, es regnet schon wieder.«

»Ihr könnt doch heute mit euren Spielsachen im Haus spielen«, sagte sein Vater. »Und morgen scheint bestimmt wieder die Sonne.«

Aber Brigitte und Jürgen hatten keine Lust auf ihre Spielsachen. Immer wieder gingen sie ans Fenster und sahen zu, wie die Regentropfen die Scheibe hinabliefen.

»Je stärker es regnet, desto schneller laufen die Tropfen die Scheibe hinunter«, sagte Jürgen düster. Doch dann strahlte er. »Das ist es!« rief er. »Wir spielen Regentropfenwettrennen!«

Quietschend und lachend beobachteten sie, wie die Regentropfen am Fenster abperlten und an der Ziellinie zerplatzten.

Und wer gewann das Spiel?

Die Kinder hatten so viel Spaß gehabt, daß sie vergessen hatten zu zählen!

Die Raupenjagd

Norbert liebte es, im Garten zu spielen. Wenn er allein war, verfolgte er immer die Spuren der kleinen Tiere. Er bückte sich, preßte seine Nase auf den Boden und folgte den kleinen Geschöpfen, wohin sie auch gingen.

Eines Tages entdeckte er eine Raupe. Norbert hatte noch nie so ein schönes Tier gesehen und beobachtete fasziniert, wie sie ein Blatt anknabberte.

Tagelang verfolgte Norbert diese Raupe. Er mußte sich nur nach den angefressenen Blättern richten, dann konnte er sie immer finden.

Eines Tages sah er jedoch nichts mehr – nichts außer einem braunen Klumpen, der an einem Zweig hing. Norbert war enttäuscht und suchte nach einem anderen Tier.

Einige Zeit später stieß Norbert wieder auf den fetten braunen Klumpen. Er berührte ihn sanft mit seiner Nase. Der Klumpen zerbrach und ein zartes Geschöpf kam zum Vorschein.

Das verschrumpelte Papier auf seinem Rücken entfaltete sich und Norbert blickte erstaunt auf einen wunderschönen Schmetterling.

Er erhob sich in die Luft, beschrieb einen Kreis, als wollte er sich verabschieden und flog davon. Norberts Raupe war ein Schmetterling geworden!

Kartoffeln

Lukas aß nichts anderes als Kartoffeln. Es war ihm egal, ob sie gekocht, zu Brei zerdrückt, geschält oder ungeschält waren.

Sogar wenn er sehr hungrig war, weigerte er sich etwas anderes zu essen als Kartoffeln.

Seine Mutter bereitete gerade die Spiele für Lukas' Geburtstagsparty vor. Am besten gefielen Lukas immer die Überraschungsspiele, die sich seine Mutter ausdachte. In diesem Jahr hatte sie jedoch eine besondere Überraschung vorbereitet.

»Das nächste Spiel heißt ›Teste deinen Geschmack‹. Verbindet euch die Augen und ratet welches Essen in den Schüsseln ist, die ich vor euch hingestellt habe«, rief Lukas' Mutter.

Die Kinder fuchtelten mit ihren Löffeln herum, und schmierten sich mindestens genausoviel Essen ins Gesicht wie in den Mund!

Dann gab jedes von ihnen einen klebrigen Zettel ab, auf dem sie ihre Lösungen geschrieben hatten. Lukas hatte überall nur ›Kartoffeln‹ geschrieben.

»Mir hat alles geschmeckt«, erklärte er, »deshalb dachte ich, daß es immer Kartoffeln waren.«

»Es waren überhaupt keine Kartoffeln dabei«, lachte seine Mutter, »also kannst du morgen ruhig einmal etwas anderes essen!«

Mirkos Sonnenbrille

Auf Mirkos Nase hielt einfach keine Sonnenbrille. Zuerst kaufte er sich eine rote runde, dann eine blaue sternförmige und dann eine orangefarbene dreieckige. Aber sie rutschten ihm alle von der Nase.

»Ich brauche unbedingt eine Sonnenbrille, sonst tut mir die Sonne in den Augen weh«, jammerte Mirko. Aber er fand einfach keine, die ihm paßte. Wenn Mirko mit seinen Freunden ans Meer fuhr, mußte er immer im Schatten bleiben.

»Komm doch und spiel mit uns am Strand«, riefen seine Freunde, aber Mirko blieb unter einem Baum sitzen. Da kam sein bester Freund Oliver vom Kiosk zurück. Er brachte für alle ein Eis mit und für Mirko ein besonderes Geschenk …

»Probier das mal an«, sagte Oliver und gab Mirko eine knallrote Schirmmütze. Sie paßte perfekt und schützte Mirkos Augen vor der Sonne. Fröhlich rannte er zu seinen Freunden und spielte mit ihnen am Strand.

Schlammplätzchen

Reinhard wollte beim Kochwettbewerb seines Kochklubs unbedingt den ersten Preis mit seinen Steinplätzchen gewinnen – außen knusprig und innen weich. Reinhard sollte sie beim nächsten Treffen seines Kochklubs backen. Er wog die Zutaten ab, aber seine Mutter konnte keinen Topf finden, der groß genug war.

»Dann wiege doch von allem nur die Hälfte ab«, schlug seine Mutter vor.

Das tat Reinhard auch und ging zu seinem Treffen. Zwar war ihm der Teig etwas lockerer als sonst vorgekommen, aber das machte sicher nichts.

Als die Backzeit vorüber war, zog Reinhard die Plätzchen aus dem Ofen. Oje! Statt der knusprigen Steinplätzchen waren es weiche Schlammplätzchen geworden! Reinhard war enttäuscht. Damit würde er niemals den ersten Preis gewinnen. Als die Plätzchen abgekühlt waren, probierte der Lehrer des Kochklubs sie.

»Diese Schlammplätzchen schmecken genauso gut wie deine Steinplätzchen«, sagte er. »Damit hast du den ersten Preis gewonnen.«

Er hatte sofort bemerkt, was passiert war. Als Reinhard von allem die Hälfte abgewogen hatte, hatte er nicht daran gedacht, auch nur ein halbes Ei zu nehmen!

Wer sucht, der findet

Leila fand ihre Malstifte nicht mehr. Sie hatte schon überall gesucht.

»Wenn du immer alles aufräumen würdest, wüßtest du auch, wo du suchen mußt«, sagte ihre Mutter, nahm die Malstifte aus einer Schachtel und gab sie Leila.

»Hast du mein Jo-Jo gesehen, Mami?« fragte Leilas Schwester Lydia kurz darauf. Ihre Mutter griff in eine Spielzeugkiste und gab es ihr.

»Wenn du es immer aufräumen würdest, würdest du es auch wieder finden«, sagte Mutter.

Als Mutter später zum Einkaufen gehen wollte, begann sie plötzlich im Zimmer umherzurennen, suchte hier und da, in Taschen und unter den Stühlen.

»Hat jemand meine Schlüssel gesehen?« fragte sie. Ihre Töchter halfen ihr suchen, bis die Schlüssel endlich unter einem Hut wieder zum Vorschein kamen. Die Kinder verkniffen es sich, irgendetwas zu sagen, aber Mutter lachte.

»Ich weiß«, sagte sie. »Wenn ich sie gleich aufgeräumt hätte, hätte ich auch gewußt, wo ich sie finden kann!«

Die Künstlerin

Birgits Nachbarn strichen ihre Hausfront. Birgit malte für ihr Leben gern.

»Darf ich helfen?« fragte sie.

»Wenn du vorsichtig bist«, sagten die Nachbarn.

Sie hatten rote Farbe für die Mauern gekauft und weiße für die Fensterrahmen. Birgit ging auf die Rückseite des Hauses, wo sie niemand sah und wo sie eine ganze Wand für sich allein hatte. Sie malte einen großen Sonnenschirm, einen Wasserball und einen Dinosaurier in einem rotweißgestreiften Badeanzug.

Dann hörte sie, wie ein Bekannter der Nachbarn zu Besuch kam. Sie gingen alle ums Haus herum und sahen die Wand, die Birgit bemalt hatte. Die Nachbarn waren ärgerlich, aber gerade als sie anfangen wollten, zu schimpfen, rief ihr Bekannter: »Eine tolle Idee! So denkt ihr das ganze Jahr, ihr seid am Strand! Könnt ihr mir auch so etwas aufs Haus malen?«

Die Nachbarn lächelten und fanden nun auch, daß dies eine gute Idee gewesen war. Und Birgit verbrachte den ganzen Sommer damit, Häuser zu bemalen!

Ferienzeit

Timo und seine Familie wollten zum Zelten ans Meer fahren und dazu brauchten sie eine Menge Dinge: Eimer und Schaufeln, Schlafsäcke, Töpfe und Pfannen, Spiele und Bücher und Hemden und Hosen.

»Timo!« rief seine Mutter. »Wir sind alle fertig und warten auf dich!«

»Ohne Susi fahre ich nicht mit«, brummte Timo trotzig. Susi war der Spielzeugsaurier, den Timo mit ins Bett nahm, seit er ein Baby war. Er konnte ohne Susi nicht einschlafen, und jetzt hatte er sie verloren.

»Wir warten nicht mehr länger«, sagte sein Vater. »Bitte komm jetzt!«

Timo gehorchte, aber er war sehr unglücklich. Er jammerte die ganze Fahrt über. Und als er abends im Zelt ins Bett gehen sollte, fing er an zu weinen.

»Sei nicht traurig, Timo«, tröstete ihn seine Schwester. Sie rollte seinen Schlafsack auf und wer fiel heraus? – Susi!

»Jetzt weiß ich es wieder«, sagte Timo glücklich. »Ich habe sie selbst eingepackt, damit wir sie nicht vergessen. Das werden die schönsten Ferien aller Zeiten!«

Kinderzirkus

Nina hatte ein Zirkusplakat gesehen. Es zeigte Akrobaten und Seiltänzer, Hunde und Clowns.

»Leider können wir nicht hingehen«, sagte ihr Vater. »Der Zirkus ist zu weit weg.«

Darüber war Nina sehr traurig. Sie erzählte ihrem Freund Olli davon.

»Machen wir doch unseren eigenen Zirkus«, schlug Olli vor. »Alle unsere Freunde könnten zusehen – oder mitmachen!« Sie übten den ganzen Nachmittag Kunststücke und hatten viel Spaß.

Olli konnte ein Rad schlagen und Purzelbäume vorführen – vorwärts und rückwärts – und er balancierte auf einem Holzbrett.

Nina tanzte und schaukelte im Stehen – und alle taten so, als wäre sie auf einem Trapez. Sie warfen sich Bälle zu, setzten komische Hüte auf und neckten sich gegenseitig.

Es war so ein wundervoller Zirkus, daß die Zuschauer alle bei der großen Schlußparade mitmachten. Sie marschierten umher und taten so, als würden sie Musikinstrumente spielen. Und niemand dachte mehr an den ›echten‹ Zirkus.

Das Wettrennen

Jeannette und Jessica waren eineiige Zwillinge. Sie hatten beide die gleichen grünen Augen, die gleiche braune Haut und gleichlange Schwänze.

Nur ihre besten Freunde konnten sie auseinanderhalten.

Eines Tages gab Lothar damit an, daß er der schnellste Läufer der Schule sei.

»Niemand kann so schnell rennen wie ich!« prahlte er.

»Er ist ein schrecklicher Angeber«, sagte Jessica. »Wir sollten ihm eine Lektion erteilen.«

Am nächsten Tag veranstalteten die Zwillinge und ihre Freunde ein Wettrennen am Spielplatz. Da kam Lothar angeschlendert.

»Ihr lahmen Schnecken«, spottete er. »Ich kann mindestens doppelt so schnell rennen wie ihr!« Während Jessica sich heimlich davonschlich, forderte Jeannette ihn zu einem Rennen rund ums Schulhaus heraus.

Jeannette und Lothar stellten sich auf, und Timmy gab das Zeichen zum Start.

Lothar lag in Führung als sie an dem Baum vorbeirannten, hinter dem sich Jessica versteckt hatte. Jeannette kroch in das Versteck und Jessica schoß hervor, so voller Energie, daß sie Lothar bald überholte und das Rennen gewann.

Alle jubelten der Gewinnerin zu. Lothar aber fand niemals heraus, daß er von Zwillingen besiegt worden war!

Das ist ungerecht!

»Das ist ungerecht«, maulte Rebecca. »Peter darf heute zu Hause bleiben, und ich muß in die Schule!«

»Peter hat Windpocken, Fieber und fühlt sich sehr schlecht«, sagte ihre Mutter. »Du wirst in der Schule mehr Spaß haben, als Peter daheim im Bett.«

Schlecht gelaunt ging Rebecca in die Schule. Dauernd dachte sie an Peter. Sie stellte sich vor, wie er daheim spielte, während sie in der Schule lernen mußte.

Das war so ungerecht!

Während sie im Unterricht ein Pappkartonraumschiff bastelte, Geschichten zuhörte und auf dem Spielplatz herumrannte, wußte sie jedoch nicht, daß Peter sich daheim schrecklich krank und unglücklich fühlte.

Als Rebecca am nächsten Morgen aufwachte, fühlte sie sich heiß und schwach. Ihr Gesicht war voller Flecken und sie mochte ihr Frühstück nicht.

»Zurück ins Bett«, befahl ihre Mutter.

»Aber unsere Lehrerin hat gesagt, daß wir heute einen Ausflug machen«, jammerte Rebecca den Tränen nahe. »Das ist ungerecht.«

Ihre Mutter lächelte, als sie Rebecca wieder ins Bett packte. »Diesmal hast du recht«, sagte sie. »Es ist nicht schön, wenn man krank ist. Das hätte dir Peter sicher gestern schon sagen können.«

Der Schokoladendieb

Katjas Großmutter hatte eine Konditorei, und sie durfte jeden Tag dort spielen, während ihre Mutter beim Tortenverzieren half. Es gab köstliche Leckereien in der Konditorei, auch Eis und Plätzchen. Am allerliebsten mochte Katja aber die Schokoladenlebkuchen.

Eines Tages mußte Katjas Großmutter ans Telefon als sie gerade dabei war, den Schokoladenguß für die Lebkuchen zuzubereiten. Die Schüssel stand unbeobachtet auf dem Tisch. Katja wußte, daß ihre Oma böse würde, wenn sie sie beim Naschen erwischte. Deshalb schnappte sie sich die ganze Schüssel und rannte wie der Blitz in den Garten. Der Schokoladenguß schmeckte herrlich! Katja aß einen Löffel nach dem anderen.

Sie hörte, wie ihre Großmutter sagte. »Ich habe hier doch ganz sicher eine Schüssel mit Schokoladenguß hingestellt. Wo kann sie nur sein?«

Katja lachte und lachte, aber plötzlich fühlte sie sich gar nicht mehr wohl. Ihr Bauch schmerzte auch so komisch …

Das schönste Haus

Monis Vater arbeitete gern im Garten. Jedes Wochenende jätete er Unkraut und mähte den Rasen. Er war sehr stolz auf seine Arbeit, und sein Garten war der schönste in der ganzen Gegend.

Weit hinten im Garten hatte er ein Gemüsebeet angelegt, wo er Kartoffeln, Rhabarber und Kohl züchtete. Er hatte vor, ein paar seiner Kartoffelpflanzen beim diesjährigen Gartenwettbewerb auszustellen und pflegte sie deshalb noch sorgfältiger als sonst, bis sie sogar größer als Moni waren!

Eines Tages spielte Moni mit ihrer Freundin Rieke im Garten. Eines ihrer Lieblingsspiele hieß Häuserbauen und die großen Kartoffelpflanzen schienen ein perfekter Ort für ein gemütliches kleines Haus zu sein!

Moni und Rieke bahnten sich einen Weg durch die dichten Kartoffelblätter, bis sie in der Mitte des Beetes angelangt waren. Dann trampelten sie alle Pflanzen halbkreisförmig nieder. Es war ein herrliches Haus! Schattig und grün und mit einem Weg nach draußen … Auweia! Dort, am Ende des Weges stand Monis Vater.

Und er sah nicht gerade freundlich aus!

Geschwister

Alle Freunde von Julia hatten Brüder und Schwestern. Manchmal fand Julia es schön, Mutter und Vater ganz für sich allein zu haben. Aber noch öfter wünschte sie sich, in einer großen Familie zu leben, denn dann hätte sie immer jemand zum Spielen.

Im nächsten Frühling war ihre Mutter oft zu müde, um mit Julia zu spielen. An anderen Tagen schien sie sehr beschäftigt zu sein, obwohl Julia nie herausfinden konnte, was ihre Mutter tat.

Julias Vater hatte auch nie Zeit für sie, denn er renovierte ein paar Zimmer im Haus. Julia fühlte sich einsam und ausgeschlossen.

Eines Tages kam sie von einem Spaziergang sehr spät nach Hause und wußte, daß ihre Eltern sie deshalb schimpfen würden. Aber als sie ins Zimmer kam, nahm ihre Mutter sie in den Arm und küßte sie!

Dann führte sie Julia in eines der frisch renovierten Zimmer. Julia traute ihren Augen kaum. Dort in der Ecke, kuschelig und gemütlich, war ein Nest. Und in dem Nest lagen vier wunderschöne, grüne Dinosaurier-Eier.

»Du wirst bald Geschwister haben«, sagte Julias Mutter stolz. »Hilfst du mir dann, sie zu versorgen?«

»Aber natürlich«, rief Julia. »Ich werde die beste große Schwester auf der ganzen Welt sein!«

Ein Vers für Daniel

Daniel hatte in der Schule immer große Probleme mit dem Rechnen.

»Ich kann es mir einfach nicht merken«, rief er und stampfte wütend mit dem Fuß auf. »Langsam habe ich wirklich keine Lust mehr!«

Traurig und enttäuscht rannte er in den Garten zu seinem Lieblingsplatz, wo er sich immer versteckte, wenn er allein sein wollte.

Da hatte seine Mutter eine Idee. Sie nahm Stift und Papier und dichtete einen kleinen Vers, der Daniel beim Rechnen helfen sollte.

»Daniel, Daniel
ich sage dir,
zwei mal zwei ist immer vier!
Daniel, Daniel
gib gut acht,
zwei mal vier ist immer acht!«

Und obwohl Daniel heute schon fast erwachsen ist, kann er sich noch immer an diesen Vers erinnern.

Christinas Spielanzug

Christina wollte ihren neuen roten Spielanzug nicht anziehen, den ihre Mutter für sie gekauft hatte. Sie fand Kleider viel schöner.

»Du siehst in diesem Spielanzug so hübsch aus«, sagte ihre Mutter. »Und rot ist doch deine Lieblingsfarbe.«

Als es Zeit war, auf den Spielplatz zu gehen, saß Christina noch im Schlafanzug in ihrem Zimmer.

»Wir gehen ohne dich!« drohte ihre Mutter. Also zog Christina brummig ihren Spielanzug an.

Aber auf dem Spielplatz merkte Christina bald, daß sie mit den anderen Dinosauriern die Treppen zu der langen Rutschbahn hinaufsteigen, auf der Wippe schaukeln und im Sandkasten spielen konnte, ohne daß ihr Kleid sie wie gewöhnlich dabei störte.

»Ich liebe meinen neuen Spielanzug!« sagte Christina glücklich, als sie mit ihrer Mutter nach Hause ging.

Der Zahnarztstuhl

»Heute ist dein Zahnarzttermin«, sagte Pauls Vater.

»Ich will nicht!« schrie Paul und versteckte sich.

»Wenn du nicht zum Zahnarzt gehst«, sagte Herr Centrosaurus und zerrte Paul aus seinem Versteck, »bekommst du schlechte Zähne.«

»Neiiiin!« schrie Paul auf dem Weg zum Zahnarzt.

»Huhuhuu!« heulte er im Wartezimmer.

Da ließ ihn sein Vater endlich los. Paul rannte durch eine Tür und kam in einen weißen Raum. In der Mitte stand ein silberglänzender Stuhl mit Hebeln und Knöpfen. Paul setzte sich auf den Stuhl und zog an einem der Hebel. Der Stuhl hob und senkte sich.

»Bist du Paul?« sagte da eine Stimme. »Du hast aber schöne Zähne. Darf ich sie mal sehen?« Es war ein Herr im weißen Mantel, der da sprach.

»Gut«, sagte Paul. »Ich bin gerade vom Zahnarzt weggelaufen«, fügte er noch stolz hinzu.

Der Herr ließ den Stuhl hochfahren und besah sich Pauls Zähne mit einem kleinen Spiegel. Dann polierte er sie mit einer speziellen elektrischen Bürste.

»Fertig«, sagte er dann. »War's schlimm?«

»Nein«, sagte Paul. »Das hat gekitzelt.«

Da erschien Pauls Vater in der Tür und Paul merkte, daß er die ganze Zeit beim Zahnarzt gewesen war!

Das Spukhaus

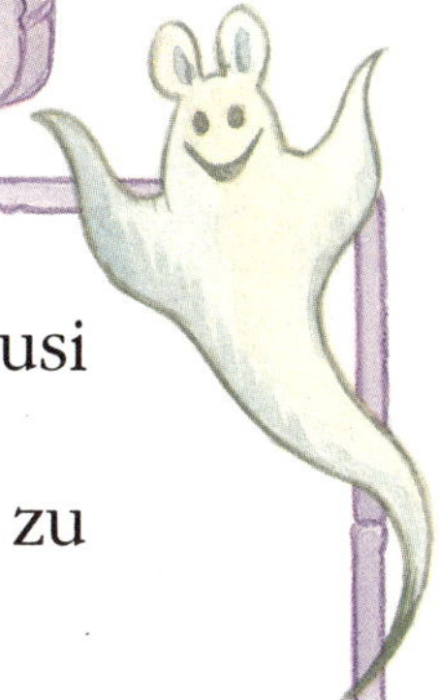

»Ich habe vor nichts und niemandem Angst!« prahlte Susi Stegosaurus.

»Aber bestimmt traust du dich nicht ins Spukhaus zu gehen«, spottete ihr Bruder Herbert.

»Das werden wir ja sehen«, sagte Susi.

Susi und Herbert schlüpften durch ein Loch im Zaun und öffneten die knarrende Tür des Spukhauses.

»Ich habe k-keine A-Angst«, bibberte Susi.

»Ich a-auch nicht«, zitterte Herbert.

Sie stiegen die gewundene Treppe hinauf.

»Du hast b-bestimmt Angst«, stammelte Herbert.

»I-ich b-bin doch k-kein A-Angsthase«, stotterte Susi.

Sie öffneten die Tür zu einem dunklen Raum. Überall waren Spinnweben.

»Quiiieek!« fiepte da plötzlich eine Maus.

»Aaaahhh!« schrie Herbert.

»Hilfe!« kreischte Susi.

Sie rannten aus dem Raum mit den Spinnweben und die gewundene Treppe hinab, durch die knarrende Haustür und den kaputten Zaun, bis sie endlich zu Hause ankamen.

Dort legten sie sich schnell in ihre Betten, zogen die Decken über den Kopf und hofften, daß das Gespenst aus dem Spukhaus sie nicht finden würde.

Eingesperrt

Gerade als Viktor und seine Mutter zum Einkaufen gehen wollten, läutete es an der Haustür. Es war die alte Frau Dimetrodon.

»Würden sie mir helfen, meine Einkäufe ins Haus zu tragen?« fragte sie, als Viktors Mutter die Tür öffnete.

»Es dauert nicht lang, Viktor«, sagte seine Mutter und trat vors Haus. Da kam ein heftiger Windstoß und schlug die Haustür mit einem Knall zu.

»Oje!« rief Mutter. »Meine Schlüssel sind irgendwo im Haus! Viktor, kannst du die Tür aufmachen?« Aber Viktor war zu klein, um die Türklinke zu erreichen.

»Hol dir einen Stuhl!« rief Mutter. Aber Viktor war zu schwach, um den Stuhl bis zur Tür zu schieben.

»Ich bin eingesperrt!« jammerte Viktor. »Ich will zu meiner Mama!«

Inzwischen hatten sich schon viele Dinosaurier vor dem Haus versammelt und alle redeten durcheinander.

Mutter zog ein Taschentuch aus ihrer Hose und putzte sich die Nase. Sie war den Tränen nahe. Da hörte sie plötzlich ein Klimpern in ihrer Tasche.

»Oje!« sagte Mutter errötend und zog die Schlüssel heraus. »Sie waren die ganze Zeit in meiner Tasche!«

»DJ-Dinosaurier«

»Ich bin ein DJ-Dinosaurier«, verkündete David seiner Schwester Dina, als er ins Zimmer kam. Stolz zeigte er ihr die Buchstaben auf seinem neuen T-Shirt.

»Was heißt das?« fragte Dina, die gerade mit einer bunten Schachtel beschäftigt war.

»Discjockey!« antwortete David. »Mein Freund Michael hat mich gefragt, ob ich auf seiner Party morgen Platten auflegen will und seine Mutter hat mir das T-Shirt mit dem ›DJ‹ darauf geschenkt.«

Während David seine Plattensammlung durchsah, stellte Dina ihre Schachtel auf den Tisch. Dann bat sie David, die Schachtel zu öffnen.

Als ihr Bruder den Deckel hochhob, sprang ein lustiges Spielzeuginsekt heraus und quiekte laut. David hüpfte vor Schreck in die Höhe!

»Das habe ich im Scherzartikelgeschäft gekauft!« kicherte Dina.

»Ich werde Michael fragen, ob seine Mutter für dich auch ein ›DJ T-Shirt‹ hat«, lachte David.

»Wieso? Ich bin doch kein Discjockey«, sagte Dina.

»Nein«, grinste David. »Du bist Dina, die Juxmacherin!«

Billys Vater

Billys Vater wollte mit Billy und dessen Freund Tom in den Park gehen. Aber zuerst mußten sie das Haus aufräumen. Billy half beim Abspülen.

»Nein, Billy. Nicht so, so macht man das«, sagte sein Vater und spülte den Schaum von den Tellern.

Dann mußten sie noch Billys Kleidung wegräumen.

»Nein, Billy. Nicht so, so macht man das«, sagte sein Vater und räumte alles ordentlich in den Schrank.

Dann waren sie endlich fertig. Im Park wollten sie mit Billys Vater Fußball spielen, aber es war hoffnungslos!

»Nein, Vati. Nicht so, so macht man das«, sagte Billy und schoß den Ball ins Tor.

Dann holte Tom sein Skateboard heraus. Billys Vater wollte es unbedingt auch probieren.

»Nein, nicht so, so macht man das«, sagte Tom und zeigte ihm, wie man das Gleichgewicht hielt.

Dann spielten sie Fangen. Billy erwischte seinen Vater jedesmal.

»Dein Vater kann nicht besonders gut spielen«, bemerkte Tom.

»Ich weiß«, sagte Billy. »Aber er wird es ganz bestimmt noch lernen.«

Das Picknick

Heute kam Christians Freundin Manuela zu Besuch, denn seine Mutter hatte ihnen ein Picknick im Park versprochen. Aber jetzt regnete es.

»Oh, Mami!« jammerte Christian und schaute aus dem Fenster. »Draußen regnet es in Strömen und wir können kein Picknick machen!«

»Ich habe eine Idee«, sagte Christians Mutter. Sie nahm ein großes Tischtuch und ging in die Küche. Die Tür machte sie hinter sich zu.

Als Manuela kam, spielten sie und Christian zunächst Karten. Schließlich rief seine Mutter: »Essen ist fertig!«

Sie rannten in die Küche und blieben wie angewurzelt stehen...

Auf dem Fußboden hatte Mutter für sie eine Höhle gebaut. Mit dem Tisch als Dach und dem Tischtuch als Wände – in der Höhle stand das Picknick und wartete auf sie!

Am Tischtuch hatte Mutter einen Zettel befestigt, auf dem stand ›Höhle von Christian und Manuela‹.

»Ist das aber schön«, sagte Christian begeistert. »Können wir das öfter machen?«

Rocky ist verschwunden!

Jan war mit einem winzig kleinen Dinosaurier befreundet, den alle Rocky nannten. Rocky war ein wenig schüchtern und schlief sehr oft. Sein liebster Schlafplatz war auf der Wäsche im Bügelkorb von Jans Mutter.

Aber eines Tages passierte etwas Schreckliches: Rocky war verschwunden.

Jan suchte ihn im Bügelkorb, aber dort war er nicht. Jan suchte in seinem Zimmer, unter dem Bett und hinter dem Regal. Er suchte ihn sogar im Garten, aber Rocky war nirgends zu sehen.

Da hörte Jan ein leises Quieken, das aus seiner Kommode zu kommen schien. Er ging hin und zog vorsichtig die oberste Schublade auf.

Da saß Rocky, leicht zerknautscht und ein bißchen ärgerlich. Er war im Bügelkorb eingeschlafen und Jans Mutter hatte ihn versehentlich zusammen mit der frischgebügelten Wäsche aufgeräumt!

Armer Rocky! Jan war sehr froh, seinen Freund wiedergefunden zu haben.

Cousine Cora

»Nächste Woche kommt deine Cousine Cora zu Besuch«, sagte Sarahs Mutter. »Ist das nicht schön?«

»Nein«, sagte Sarah. Sie erinnerte sich noch an Coras Besuch im letzten Jahr. Sie hatte viele Puppen mitgebracht und immer nur damit spielen wollen.

Cora sah immer sauber und ordentlich aus und alle fanden, daß Cora ein liebes, braves Dinosauriermädchen sei.

Diesmal war Cora jedoch ganz anders. Sie hatte keine Puppen mitgebracht, sondern einen Roller. Und sie war überhaupt nicht mehr brav und ordentlich!

Am Montag baute Cora im Wohnzimmer aus Stühlen und einem Teppich eine Höhle.

Am Dienstag pflückte sie alle Blumen aus dem Garten und machte damit ein Feuer.

Am Mittwoch fuhr sie mit ihrem Roller in den Zaun von Frau Iguanadon.

Am Donnerstag backte Cora aus allen Lebensmitteln im Schrank einen komischen Kuchen.

Am Freitag feierten Cora und Sarah heimlich eine Mitternachtsparty.

Und am Samstag mußte Cora wieder abreisen.

»Darf uns Cora bald wieder besuchen?« fragte Sarah.

»Nein«, sagte ihre Mutter. »Jetzt muß ich mich erst einmal eine Zeitlang von Cora erholen.«

Maxis neues Fahrrad

Maxi liebte Fahrräder. Jeden Tag auf dem Weg zur Schule blieb er vor dem Fahrradgeschäft stehen und schaute sich im Schaufenster die neuen Fahrräder an. Ein knallrotes gefiel ihm besonders gut und er fragte seine Eltern, ob sie es ihm kaufen würden, aber sie sagten nur: »Sei nicht albern. Du kannst doch noch gar nicht Fahrrad fahren.«

Maxis Freund Karl war ein Zirkusakrobat und konnte sehr gut balancieren. »Kannst du mir das Radfahren beibringen?« fragte ihn Maxi.

Karl half Maxi gern. Es war sehr schwierig, und Maxi fiel am Anfang oft herunter. Aber dann blieb er auf dem Rad, wenn Karl ihn hielt. Und schließlich ließ Karl ihn los! Maxi schwankte ein bißchen, aber er schaffte den ganzen Heimweg mit dem Rad. Maxis Eltern trauten ihren Augen kaum, als sie Maxi auf dem Fahrrad nach Hause kommen sahen!

Und als Maxi am nächsten Morgen aufwachte, stand ein knallrotes Fahrrad neben seinem Bett!

Das Geburtstagsgeschenk

Die Mutter von Jens und Julia hatte in zwei Tagen Geburtstag, aber den Kindern fiel einfach kein passendes Geschenk für sie ein.

»Mutter will sicher nicht, daß ihr für sie ein Geschenk kauft«, sagte ihr Vater. »Warum malt ihr nicht ein Bild?« Aber die Kinder wollten ihr unbedingt etwas kaufen. Sie überlegten den ganzen Tag und dann hatte Jens eine Idee.

Am nächsten Tag kamen Jens und Julia mit einer braunen Papiertüte vom Einkaufen zurück, die sie hinter ihrem Rücken versteckten. Sie holten sich noch Papier und Farbe und verriegelten dann ihre Zimmertür.

Am nächsten Morgen wurde Mutter mit einer Tasse Tee, einer schönen Geburtstagskarte und dem Lied ›Zum Geburtstag viel Glück‹ geweckt.

»Danke sehr«, antwortete Mutter und bewunderte die hübsche Geburtstagskarte. »Bin ich das auf dem Bild, mit dem gestrickten Hut? Und die Blumen sind auch wunderschön!«

Da gaben ihr die Kinder ein Paket. Mutter öffnete es und fand darin ein Päckchen Samen und Wolle.

»Wir haben dir den Samen und die Wolle gekauft und die Bilder auf der Karte zeigen dir, wie du aussiehst, wenn du dir aus der Wolle einen Hut gestrickt hast und aus dem Samen Blumen geworden sind.«

»Das war aber wirklich eine gute Idee«, sagte Mutter.

Die Wunschquelle

Eines schönen Tages saß ein junger Dinosaurier namens Boris an einer Quelle. Er träumte ein bißchen und sah den anderen Dinosauriern beim Spielen zu.

»Ich wünschte, ich hätte auch drei so schöne Hörner wie Triceratops«, sagte er zu sich. Da fühlte er plötzlich ein komisches Kribbeln am Kopf. Und als er sein Spiegelbild im Wasser besah, waren drei Hörner auf seinem Kopf!

»Toll!« dachte Boris. »Das muß eine Wunschquelle sein!« Und er wünschte sich Flügel wie Pteranodon, einen langen Hals wie Diplodocus und Zähne wie Tyrannosaurus Rex.

»Hilfe! Ein Monster!« schrie seine Mutter, als Boris zum Tee nach Hause kam. Mit den Flügeln, dem langen Hals und den großen Zähnen erkannte sie ihren Sohn nicht.

»Geh weg!« riefen seine Freunde, als er mit ihnen spielen wollte.

Da rannte Boris so schnell er konnte zu der Wunschquelle zurück und wünschte sich, daß er wieder der alte Boris wurde. Und danach hat er sich nie wieder etwas von der Quelle gewünscht!

Babys sind langweilig

Terry und Rex wollten Tante Amanda und ihr neues Baby besuchen. Sie freuten sich sehr auf einen neuen Spielkameraden.

»Wo ist es?« rief Terry, als sie ankamen.

»Dort«, sagte Tante Amanda und deutete auf etwas kleines helles in der Ecke. »Es ist noch im Ei.«

Es bewegte sich nicht, lachte nicht und spielen konnte man damit auch nicht. »Babys sind langweilig«, sagte Terry und ging nach draußen zum Spielen.

Rex machte seine Hausaufgaben, da hörte er plötzlich ein Geräusch. KNACK! Und nochmal KNACK! Und wieder KNACK! Rex sah ein kleines Loch in der Eischale. Es wurde größer und größer. Ein Köpfchen kam zum Vorschein, und dann ein Körper. Es war der niedlichste kleine Dinosaurier der Welt. Und er schaute Rex neugierig an.

»Terry, Terry! Sieh dir das an!« rief Rex begeistert.

Terry kam hereingerannt. »Wie süß!« sagte sie. »Babys sind ja gar nicht langweilig!«

Ein heißer Tag

Es war ein schöner Tag. Der kleine und der große Dinosaurier setzten ihre Sonnenhüte auf und gingen zum Picknick an den Strand.

»Puh, welch eine Hitze. Wir hätten lieber in den Park gehen sollen«, sagte der kleine Dinosaurier kurz nachdem sie angekommen waren.

»Warum denn?« fragte der große Dinosaurier.

»Weil es dort viele schattige Bäume gibt, unter die man sich setzen kann«, antwortete der kleine Dinosaurier.

Da hatte der große Dinosaurier eine Idee.

»Ich zeige dir Schatten«, grinste er.

Der kleine Dinosaurier war verwirrt. Er schaute sich am Strand um, aber alles, was er sah, war Sand.

»Wo denn?« fragte er seinen Freund.

Da legte sich der große Dinosaurier auf sein Handtuch und zog den Sonnenhut über die Augen. Der kleine Dinosaurier lachte.

»Jetzt weiß ich, was du meinst«, sagte er. »Ich kann mich in deinen Schatten setzen!«

Übung macht den Meister

Karlchen ging mit seinem Vater zum Jahrmarkt. Er strengte sich beim Ringewerfen sehr an, aber leider gewann er keinen Preis.

»Paß auf, Junge«, grinste sein Vater.

Er zielte, warf einen Ring über einen Topf voller Plätzchen und gewann ihn. Auf dem Heimweg kaute Karlchen gedankenverloren an einem Plätzchen.

»Ich wünschte, ich könnte auch so gut Ringe werfen wie du, Vati«, sagte er.

»Ich könnte es dir beibringen«, antwortete sein Vater.

Begeistert stimmte Karlchen zu. Sein Vater fand in der Garage ein paar Gummi-Ringe.

»Versuch mal, diese Ringe über mich zu werfen«, sagte sein Vater. Karlchen war verwirrt.

»Du bist doch viel zu dick für die Ringe!« rief er.

Sein Vater lachte. »Ich meinte doch über meine Hörner!«

Karlchen begann die Ringe über die drei Hörner seines Vaters zu werfen. Schon bald gelang es ihm mit Leichtigkeit. Und als sie am nächsten Tag wieder auf den Jahrmarkt gingen, wer glaubst du, gewann beim Ringewerfen einen Preis? Karlchen, natürlich!

Der Geburtstagswunsch

Herr Diplodocus war immer sehr gut angezogen. Er trug stets einen Zylinder, und seine Schuhe waren frisch geputzt. Man sah ihn niemals unordentlich gekleidet.

Herr Diplodocus wünschte sich nichts mehr als eine Fliege, die ihn noch eleganter aussehen lassen würde. Zum Glück hatte er in einer Woche Geburtstag, deshalb erzählte er all seinen Freunden, daß er nur diesen einen Wunsch hätte.

Als der große Tag kam, erhielt Herr Diplodocus viele Geschenke. Schon in dem ersten, das er auspackte, fand er eine hübsche rosa- und blaugestreifte Fliege.

»Wundervoll!« rief er begeistert und wickelte das zweite Geschenk aus. »Noch eine Fliege«, Herr Diplodocus konnte es kaum fassen. Und so ging es weiter. In jedem Päckchen war eine farbenprächtige Fliege.

Wie gut, daß Herr Diplodocus keinen seiner Freunde enttäuschen mußte, weil er immer nur eine der Fliegen tragen konnte. Er hatte nämlich so einen langen Hals, daß sie ihm alle auf einmal paßten! Er bot wirklich einen prachtvollen Anblick, als er mit seinen zwanzig Fliegen die Straße entlang stolzierte.

Der Schokoladentraum

Stefan liebte Schokolade mehr als alles andere.

»Du solltest nicht so viel Schokolade essen«, mahnte ihn seine Mutter. »Du verwandelst dich sonst in einen Schokoladendinosaurier.« Abends las Stefan im Bett noch in seinem Lieblingsbuch über einen Schokoladenbaum. Doch bald schlief er ein und hatte diesen Traum:

Stefan konnte den Schokoladenbaum vor sich sehen, als er durch den Wald ging. Beim Näherkommen bemerkte er, daß der Baum ein Gesicht hatte. Er lächelte Stefan zu.

»Hallo«, sagte der Baum mit tiefer Stimme. »Beiß ruhig mal von mir ab. Aber iß nicht zu viel, sonst verwandelst du dich auch in Schokolade.«

Stefan pflückte ein paar Blätter. Sie schmeckten so köstlich, daß er unbedingt noch eines haben mußte – oder zwei oder drei. Seine Hände wurden ganz klebrig. Er wollte sie an seinem Taschentuch abwischen, aber da merkte er, daß er zu Schokolade geworden war.

»Ich will aber nicht zu Schokolade werden!« schrie er. Da sprach jemand sanft zu ihm und er erwachte.

»Es war nur ein Traum«, sagte seine Mutter. »Du wirst dich nicht in Schokolade verwandeln.«

»Ich esse Schokolade wirklich gern«, sagte Stefan. »Aber ich glaube, ich esse in Zukunft weniger davon.«

Bennys Blumen

Benny langweilte sich. Er hatte sich schon den ganzen Morgen alleine beschäftigt, aber jetzt wußte er nicht mehr, was er spielen sollte.

»Komm mit nach draußen«, sagte seine Mutter. »Es ist so ein schöner Frühlingstag, und du kannst mir bei der Gartenarbeit helfen.«

»Gartenarbeit ist langweilig«, maulte Benny.

»Ganz und gar nicht«, antwortete seine Mutter. »Du kannst dir in dieser Ecke einen eigenen Garten anlegen.«

»Na gut«, sagte Benny. Mit den Muscheln, die er im letzten Sommer am Strand gefunden hatte, steckte er sich ein Beet ab. Seine Mutter gab ihm Samenkörner und er grub mit einem Teelöffel für jedes ein Loch. Dann legte er die Samen hinein und bedeckte sie wieder mit Erde. Er besprühte die Erde mit Wasser, damit die Samen wachsen konnten.

Einige Wochen später rannte Benny den Gartenweg entlang und sah plötzlich einen richtigen Dschungel von Kapuzinerkresse, Kornblumen und Ringelblumen.

»Sieh mal Mutti«, rief Benny aufgeregt, »die Samenkörner, die ich vergraben habe, sind aufgegangen. Gartenarbeit ist wunderschön!«

Der Buchstabiertest

Tim Pterodactyl war ein besonders kluger kleiner Saurier. In der Schule war er Klassenbester. Es gab nichts, was Tim nicht konnte.

Eines Tages wollte die Lehrerin einen Buchstabiertest machen. Tims Freunde hatten Angst davor. Tim natürlich nicht, denn er konnte alles buchstabieren.

Die Lehrerin sagte: »Margit, buchstabiere bitte das Wort DINOSAURIER.«

»D-I-E-N-O-S-A-U-R-I-E-R«, buchstabierte Margit.

»Falsch«, sagte die Lehrerin. »Tim, versuch du es mal.«

»D-I-N-O-S-A-U-R-I-E-R«, sagte Tim.

»Sehr gut, Tim. Du bist sehr klug«, sagte die Lehrerin. »Jetzt buchstabiere bitte das Wort PTERODACTYL.«

»Kinderleicht!« meinte Tim.

Aber so sehr er sich auch bemühte, er konnte es einfach nicht richtig buchstabieren. Das Wort schien mit ›T‹ anzufangen, es klang wie ›T‹ und doch sagte die Lehrerin jedesmal »Falsch!«, wenn Tim damit begann. Der arme Tim wußte nicht, daß das Wort mit einem ›P‹ anfing!

Seine Freunde waren verblüfft. Tim, der doch eigentlich alles wußte, konnte seinen eigenen Namen nicht buchstabieren!

»Jetzt weiß er wenigstens wie es ist, wenn man sich irrt«, bemerkten seine Klassenkameraden.

Der Sonnenschirm

Verena hatte einen Sonnenschirm, den sie überallhin mitnahm, egal ob die Sonne schien oder nicht. Eines trüben Tages ging Verena mit ihrem aufgespannten Sonnenschirm im Garten spazieren.

»Was soll dieser alberne Schirm, wenn die Sonne doch gar nicht scheint?« neckte sie ihr Bruder Frank. »Ich will mit Marc Murmeln spielen. Kommst du mit?«

Verena schüttelte den Kopf. Sie wollte lieber mit ihrem Sonnenschirm spielen.

Bald darauf rief ihre Mutter: »Mittagessen ist fertig! Geh und hole Frank!«

Frank und Marc räumten ihre Murmeln weg. Doch plötzlich zerriß Franks Murmelnetz und alle Murmeln rollten über den Boden.

»Wie bringe ich die jetzt nur nach Hause?« fragte Frank und fing an, sie wieder aufzusammeln.

»Ganz einfach«, lächelte Verena. Sie öffnete ihren Sonnenschirm und hielt ihn verkehrt herum, so daß Frank seine Murmeln hineinlegen konnte.

»Sonnenschirme sind doch nicht so albern«, gab Frank zu. »Soll ich ihn für dich tragen, Verena?«

Die Gartenlaube

Morgen hatte Ellen Geburtstag, aber niemand in der Familie schien daran zu denken. Alle interessierten sich nur für die Gartenlaube.

Ellens Schwester Susanne trug zwei Eimer mit rosa Farbe (Ellens Lieblingsfarbe).

»Ich streiche jetzt die Gartenlaube«, sagte Susanne, »damit sie in diesem Sommer wie neu aussieht.«

Als Ellens Mutter am Abend nach Hause kam, brachte sie Bänder und Silberpapier mit.

»Ich dekoriere die Gartenlaube«, sagte Ellens Mutter, »damit sie in diesem Sommer hübsch aussieht.«

Ellens Bruder Tom trug Limonade und Kuchen auf einem Tablett.

»Die sind wohl auch für die Gartenlaube«, seufzte Ellen und Tom nickte.

An Ellens Geburtstag gab es keine Karten, keine Dekoration und keinen Kuchen. Sie hatten ihn wirklich vergessen!

»Sieh dir mal die Gartenlaube an«, sagte ihre Familie.

Als Ellen die Tür zur Laube öffnete, rief ihre Familie: »ÜBERRASCHUNG!«

Die Laube war rosafarben gestrichen und wunderschön dekoriert. Auf dem Tisch lagen Karten und Geschenke und einen Geburtstagskuchen gab es auch. Sie hatten Ellens Geburtstag doch nicht vergessen!

Die eitle Beate

Beate war ein hübsches kleines Dinosauriermädchen. Das Dumme war nur, daß Beate stolz darauf war, hübsch zu sein. Und das ließ sie jeden merken!

Eines Tages machte ihre Klasse einen Bootsausflug. Alle Schüler gingen zu zweit, nur Beate lief allein.

»Keiner von euch ist hübsch genug, um mit mir zu gehen«, sagte sie und trug ihre Nase noch höher als sonst.

Alle rannten an Deck herum und ließen sich vom Kapitän das Schiff erklären. Nur Beate saß allein da und ärgerte sich, weil niemand sie beachtete.

Plötzlich begann es zu regnen, und die Kinder liefen eilig ins Steuerhaus. Alle – außer Beate, die hinter ihnen herschlenderte und die Nase so hoch trug, daß sie ein herumliegendes Seil nicht sah, darüber stolperte und der Länge nach in eine Pfütze fiel.

Die Kinder lachten, als sie ihr nasses Kleid und ihr schmutziges Gesicht sahen. Zum ersten Mal fand Beate es gar nicht schön, im Mittelpunkt zu stehen.

»Keiner mag mich«, beschwerte sie sich heulend bei Frau Skeggs.

»Wenn du versuchen würdest, die anderen zu mögen«, sagte Frau Skeggs, »dann werden sie dich vielleicht auch gern haben.«

Beate trocknete ihre Tränen und lächelte. »Ich werde es versuchen«, sagte sie. Und das tat sie auch.

Ein hübscher Weg

»Sehr pünktlich!« grinste Herr Dokus, als Markus das Tor öffnete und mit den ›Dinosaurier-Nachrichten‹ den Weg zur Haustür entlangrannte. Markus trug Zeitungen aus und kam auf seiner Runde immer um fünf Uhr nachmittags bei Herrn Dokus vorbei.

Am nächsten Tag wurde bei Herrn Dokus der Gartenweg neu zementiert. Anschließend ging Herr Dokus hinein und schrieb ein Schild, auf dem stand: FRISCH ZEMENTIERT. Das wollte er am Gartentor befestigen.

Frau Dokus schaute durchs Fenster auf den neuen Weg. »Er sieht langweilig aus«, sagte sie. »Er braucht ein Muster.«

Herr Dokus dachte scharf nach. Da kam Markus den Gartenweg entlanggerannt und hinterließ seine Fußspuren auf dem nassen Zement.

»Oje, das tut mir aber leid!« sagte er, als er sah, was er angerichtet hatte.

»Macht nichts!« lachte Herr Dokus. »Das ist ein schönes Muster! Und etwas ganz Besonderes!«

Emma findet eine Freundin

Emma war ein kleines, sehr schüchternes Dinosauriermädchen. Alle hatten sie gern, aber ihr fehlte eine richtig gute Freundin.

Eines Tages stellte die Lehrerin der Klasse eine neue Schülerin vor, die Lisa hieß. Sie fragte, wer sich ein wenig um Lisa kümmern wollte.

Alle hoben ihre Hände in die Luft, nur Emma war zu schüchtern, um sich zu melden.

Katja und Michael wurden ausgesucht, und sie zeigten Lisa in der ersten Woche, wo alles war. Sie spielten mit ihr in der Pause.

Emma sah nur zu. Sie wünschte sich so sehr, auch Lisas Freundin zu werden, aber sie war zu schüchtern, um etwas zu ihr zu sagen.

Bald hatte sich Lisa eingewöhnt und Katja und Michael begannen, wieder mit ihren anderen Freunden zu spielen.

Eines Tages, als Lisa in der Pause ein Buch las, kam Emma vorbei.

»Das ist mein Lieblingsbuch«, sagte Emma schüchtern.

»Wirklich?« fragte Lisa. »Meines auch!« Und sie plauderten noch eine Weile über das Buch.

Danach saßen Emma und Lisa im Unterricht nebeneinander und spielten zusammen in der Pause. Emma war jetzt nicht mehr so schüchtern, denn sie hatte endlich eine richtig gute Freundin gefunden.

Der Eierlauf

Walter und seine Freunde wollten auf dem Sportfest ihrer Schule beim Eierlauf mitmachen. Sie sollten um die Wette rennen und dabei auf einem Löffel ein Ei balancieren. Und dafür übten sie nun.

Lucy hielt ihren Löffel weit von sich und rannte mit ganz kleinen Schritten.

Georg drückte seinen Löffel an die Brust und machte große Schritte.

Donna hielt das Ei auf ihrem Löffel mit dem Daumen fest und rannte so schnell sie konnte.

Nur Walter machte vorsichtige Schritte und paßte auf, daß das Ei nicht herunterfiel.

»Walter wird sicherlich Letzter!« lachten seine Freunde, aber Walter überhörte die dumme Bemerkung.

»Auf die Plätze, fertig, los!« rief der Lehrer und das Rennen begann.

Lucy achtete nicht darauf, wohin sie rannte und lief dauernd im Kreis.

Das Ei von Georg fiel vom Löffel, weil er zu große Schritte machte, und rollte in ein Loch.

Donna mußte ausscheiden, weil sie das Ei festhielt.

Und was war mit Walter? Er lief ganz vorsichtig – und wurde Erster!

Die Musikkapelle

Marlene und Isabell wollten zusammen eine Musikband gründen. Sie bastelten sich Instrumente, suchten tolle Lieder aus und lernten die Melodien auswendig.

Isabell borgte sich von ihrer Mutter einen Holzlöffel, einen alten Topf und zwei Topfdeckel.

Marlene fand eine leere Schuhschachtel, ein paar Gummibänder und eine kleine Flöte.

Sie spannte die Gummibänder über die Schuhschachtel und zupfte daran, um den Klang zu testen.

»Das klingt beinahe wie eine richtige Gitarre«, sagte sie zufrieden. »Die Flöte stecke ich in meine Tasche, damit ich sie zur Hand habe, falls ich sie brauche.«

»Ich finde, wir sollten nicht üben«, sagte Isabell.

Deshalb holten sie gleich das Publikum. Es waren Isabells Mutter, Tante Sophie und der kleine Tom.

Das Konzert war ein voller Erfolg. Tom weinte beim ersten Lied, aber als er die Trommel schlagen durfte, machte er fröhlich mit, und es war auch nicht so schlimm, daß er nicht richtig im Takt spielte.

Das Publikum konnte das nächste Konzert gar nicht erwarten – und Isabell und Marlene freuten sich schon auf ihren nächsten Auftritt!

Die besten Freunde

Dietmar und Bernd waren die besten Freunde. Sie lebten nahe beieinander, spielten zusammen und manchmal übernachtete einer beim anderen.

Aber eines Tages stritten sie sich. Zuerst war es nur Spaß, aber dann drückte Dietmar Bernd etwas zu heftig, und Bernd schlug etwas zu hart zurück. Und ehe sie sich versahen, taten sie sich gegenseitig richtig weh.

Danach spielten die beiden nicht mehr miteinander. Bernd fühlte sich sehr einsam und Dietmar vermißte Bernd auch, aber sie wußten einfach nicht, wie sie wieder Freunde werden sollten.

Eines Nachmittags kam Bernd von der Schule nach Hause und sah Dietmar mit drei größeren Dinosauriern. Sie machten sich über ihn lustig und zogen ihn am Schwanz und Dietmar weinte.

»Laßt ihn in Ruhe!« schrie Bernd. »Er ist mein Freund!«

Die anderen Dinosaurier rannten weg, und Bernd und Dietmar gingen zusammen nach Hause.

»Ich bin froh, daß wir wieder Freunde sind«, sagte Dietmar. »Wir wollen uns nie mehr streiten!«

Die Forscherin

Es war einmal eine Dinosaurierin, die auf der Suche nach Abenteuern um die ganze Welt reiste.

Sie stieg auf hohe Berge, die mit schattigen Föhren bewachsen waren. Sie durchquerte tiefe Schluchten und schwamm in eiskalten Seen. Sie wanderte durch Wüsten und durch matschige Sümpfe.

Dabei begegneten ihr viele seltsame Geschöpfe. Riesige Dinosaurier mit Beinen wie Baumstämme, bei denen die Erde bebte, wenn sie vorbeiliefen.

Fliegende Dinosaurier, die mit riesigen Schwingen durch die Luft rauschten und Dinosaurier, die mit ihren wuchtigen Schwanzflossen das Wasser peitschten.

Eines Tages entschloß sie sich, wieder nach Haues zurückzukehren.

»Erzähl uns, wie es in der Welt aussieht«, sagten die anderen Dinosaurier, als sie wieder daheim war. Jeden Abend rollten sie sich vor dem Kaminfeuer zusammen und hörten den Geschichten der Forscherin zu. Dabei krochen ihnen wohlige Schauer über den Rücken, aber sie trauten sich niemals, selbst auf Reisen zu gehen.

Ein neues Zuhause

Christoph konnte es nicht mehr erwarten, daß er mit seiner Familie endlich in das neue Haus zog.

Jeden Tag fragte er:

»Ziehen wir heute endlich um?«

Schließlich war es soweit. Christoph mußte all seine Sachen in Kartons verpacken. Er freute sich so auf sein neues Zuhause!

»Ich sehe noch einmal nach, ob wir auch nichts vergessen haben«, sagte seine Mutter.

Christoph begleitete sie. Sie gingen von Raum zu Raum.

Christoph schaute in sein leeres Kinderzimmer. Ein Spielzeugsaurier lag einsam auf dem Boden. Er hob ihn auf und wurde ganz traurig. Nirgendwo anders würde es so schön sein wie hier.

»Mami«, heulte er plötzlich los, »ich will nicht umziehen!« Seine Mutter versuchte ihn zu trösten, aber Christoph war auf der Fahrt ins neue Haus sehr still.

Er folgte seinen Eltern in einen sonnigen Raum mit drei Fenstern. Es gab ein Regal für Spielsachen und eine schöne Nische für das Bett.

»Mein Bett kommt hierhin und meinen Schreibtisch stelle ich dort auf«, bestimmte Christoph. »Es ist nicht so wie in meinem alten Zimmer – es ist viel schöner!«

Die Babysitter

»Wie wunderbar!« rief Esther. »Dürfen wir wirklich den ganzen Tag auf den kleinen Berti aufpassen?«

Ihre Mutter nickte. »Und du wirst uns dabei helfen, Erik. Babysitten ist sehr anstrengend.« Erik stöhnte.

Onkel und Tante brachten einen fröhlichen Berti. Aber kaum waren sie weg, da plärrte Berti los.

»Hast du Hunger?« fragte ihn Esther. »Bist du durstig?« Berti plärrte weiter. Erik hatte jetzt schon genug davon. Er schlug mit der Faust auf den Tisch.

»Oh nein«, stöhnte er. »Wird das den ganzen Tag so weitergehen?«

Plötzlich war Ruhe. Berti sah Erik an und schlug auch mit seiner kleinen Faust auf den Tisch.

»Berti bielen!« sagte er in seiner Babysprache.

Also spielten sie mit Berti. Sie schlugen so lange mit Kochlöffeln auf Töpfe, bis ihre Mutter sich die Ohren zuhielt.

Sie fütterten die Enten im Park und schaukelten mit Berti auf dem Spielplatz.

Als Onkel und Tante abends kamen, um Berti wieder abzuholen, war ihr Baby gefüttert, gebadet und gewickelt. Er schlief bereits tief und fest. Aber Onkel und Tante mußten ziemlich lang klingeln, denn Mutter, Esther und Erik waren vor Erschöpfung auch schon eingeschlafen!

Der magische Dinosaurier

Arnie war ein magischer Dinosaurier. Wenn er sich stark konzentrierte, konnte er seine Gestalt und seine Farbe verändern, so daß er aussah wie ein Baum oder eine Ampel oder wie seine Großtante Helga, die sehr häßlich war (was seinen Freunden immer am besten gefiel).
Aber Arnie konnte sein magisches Talent nur schwer kontrollieren. Wenn er zum Beispiel im Fernsehen die Sportschau sah, verwandelte er sich manchmal in einen Fußball, und seine Eltern fielen jedesmal vor Schreck fast in Ohnmacht!

Eines Tages sah Arnie auf dem Heimweg von der Schule wie ein paar gefährlich aussehende Kerle mit Gewehren die Bank überfielen. Das war seine große Chance!

Er konzentrierte sich stärker als jemals zuvor, bis er aussah wie Peter, der Polizist! Die Räuber rannten ängstlich davon. Arnie bekam für seinen magischen Trick ein dickes Lob und durfte mit seiner ganzen Familie ans Meer fahren, wo er sich zwei Wochen lang vergnügt darauf konzentrierte, ein Surfbrett zu sein!

Zu klein

Jana und ihr kleiner Bruder Rüdiger waren bei Hanna zu Besuch. Jana und Hanna spielten miteinander, aber als Rüdiger fragte, ob er auch mitmachen könne, sagten die Mädchen: »Du kannst nicht mitspielen – du bist noch viel zu klein. Geh weg!«

Rüdiger war zu klein, um mit dem Puppenhaus zu spielen und er war zu klein, um sich zu verkleiden. Also spielte er mit einem Ball.

Als er den Ball auf und ab warf, kam Hannas kleine Schwester Marie zu ihm. Er rollte den Ball über den Boden und Marie rollte ihn zurück. Sie lächelte ihn an.

Rüdiger ließ den Ball springen und warf ihn mit seiner Schwanzspitze in die Luft. Marie lachte.

Hannas Mutter brachte Rüdiger Hannas Dreirad, für das sie schon zu groß geworden war. Rüdiger fuhr im Kreis um Marie herum, und sie quietschte vor Vergnügen.

Als Jana und Hanna hereinkamen, wollten sie auch auf dem Dreirad fahren. Aber Rüdiger sagte. »Ihr seid zu groß. Geht weg!«

Schlittschuhlaufen

Es war ein bitterkalter Winter. Maria konnte sich nicht erinnern, daß es jemals so kalt gewesen war.

»Unsinn«, sagte ihr Opa. »Als ich jung war, war es viel kälter. Einmal fror sogar der See zu, und wir konnten auf dem Eis Schlittschuhlaufen!« Maria hoffte, daß es diesmal auch so kalt werden würde.

Aber jeden Tag, wenn Opa von seinem Spaziergang nach Hause kam, sagte er: »Es ist nicht so kalt, wie damals, als ich jung war.« Das ging zwei Wochen so, bis Maria nicht mehr glaubte, daß es jemals kalt genug zum Schlittschuhlaufen werden würde. Aber eines Tages sagte Opa: »Es ist sogar noch kälter geworden als in meiner Jugend! Das Eis ist so dick, daß es sogar den schwersten Dinosaurier tragen würde. Laß uns Schlittschuhlaufen gehen!«

Sie hatten viel Spaß auf dem Eis. Maria fiel anfangs immer hin. Aber dann lernte sie es allmählich und konnte mit ihrem Opa auf dem See herumfahren.

»Es war herrlich, Opa«, sagte Maria, als sie wieder zu Hause waren.

»Es war sogar noch schöner als in meiner Jugend«, antwortete Opa mit einem Lächeln.

Freunde fürs Leben

Kirsten und Toby kannten Stella seit ihrer Kindheit. Sie hatten jede Woche miteinander gespielt. Aber dann zog Stella mit ihren Eltern um.

Als sie weg waren, waren die Kinder sehr traurig gewesen. Aber heute sollte Stella mit ihrer Mutter zu Besuch kommen, und Kirsten und Toby waren ganz aufgeregt.

»Vielleicht wissen wir ja gar nicht mehr, was wir miteinander spielen sollen«, sagte Toby unsicher.

»Vielleicht mögen wir uns gar nicht mehr so gern wie früher und wissen nicht, worüber wir uns unterhalten sollen«, sagte Kirsten.

»Ich bin sicher, daß ihr euch noch genauso gut mit Stella verstehen werdet wie früher«, beruhigte sie ihre Mutter immer wieder.

Stella rutschte aufgeregt auf dem Rücksitz des Wagens umher. Kirsten und Toby wanderten ungeduldig auf und ab.

»Wann kommt sie denn endlich? Mutti, glaubst du, sie mag uns noch?« hatten sie den ganzen Tag gefragt.

Dann – Klopf, Klopf! Stella war da – es gab lächelnde Gesichter, Umarmungen und Küsse, Tee und selbstgebackene Kekse. Aber wo waren die Kinder? Gleich nach Stellas Ankunft waren sie verschwunden.

Ihre Mütter schauten in Kirstens Zimmer. Dort saßen Kirsten, Stella und Toby und unterhielten sich über dies und das, so als wäre Stella nie weg gewesen.

Das Fußballspiel

Flori und Andi spielten im Park Fußball. Es war sehr warm, deshalb zogen sie ihre Pullis aus und legten sie als ›Torpfosten‹ ins Gras.

»Du bist der Torwart, Flori«, sagte Andi.

Er nahm Anlauf und kickte den Ball, der im Tor landete, bevor Flori reagieren konnte.

»To-o-or!« schrie Andi aufgeregt.

Wumm! Schon fiel das nächste Tor, und danach noch eins. Dann wollte Andi der Torwart sein.

Flori nahm Anlauf und schoß. Aber der Ball verfehlte sein Ziel und landete in einem Papierkorb.

»Versuch es doch noch einmal!« rief Andi immer wieder. Aber so sehr sich Flori bemühte, es gelang ihm nicht, auch nur ein einziges Tor zu schießen.

»Ich bin kein guter Fußballspieler!« seufzte er schließlich. Aber dann hatte er eine Idee. Er trat den Ball nicht mehr mit dem Fuß, sondern kickte ihn mit seinem mächtigen Schwanz. Der Ball flog hinter Andi ins Netz.

»Ein Tor! Hurra! Es ist für Dinosaurier viel einfacher, ›Schwanzball‹ zu spielen!« lachte Flori.

Quietschende Schuhe

David hatte wunderschöne neue Schuhe. Das Problem war nur – sie quietschten.

Auf dem Weg zur Schule trafen sie den Briefträger. Als dieser das Quietschen hörte, dachte er, mit seinem Fahrrad wäre etwas nicht in Ordnung.

»Es ist nicht Ihr Fahrrad«, lachte Davids Mutter. »Es sind die Schuhe meines Sohnes!« David wurde rot.

Sie kamen an einer Frau vorbei, die einen Kinderwagen schob. Als sie das Quietschen hörte, untersuchte sie die Räder des Wagens.

»Es ist nicht Ihr Kinderwagen«, lachte Davids Mutter. »Es sind die Schuhe meines Sohnes!«

In der Schule verteilte David gerade die Hefte, während die Lehrerin etwas mit Kreide an die Tafel schrieb.

»Ich hasse quietschende Kreide!« sagte sie.

»Es ist nicht die Kreide«, murmelte David. »Es sind meine Schuhe.«

In diesem Moment kam die Direktorin herein. Plötzlich sprang sie kreischend auf einen Stuhl!

»Eine Maus! Eine Maus!« schrie sie.

»Keine Angst«, lachte David. »Es ist keine Maus – es sind nur meine neuen Schuhe!«

Ein Piratenabenteuer

Der Piratenkapitän stand an Deck, umringt von seiner Mannschaft.

»Wir werden die reichsten und tapfersten Piraten auf den Weltmeeren sein, Männer!« rief er. »Wenn wir sieben Tage lang nach Westen segeln, finden wir einen Schatz!«

Aber nach sieben stürmischen Tagen sahen sie noch immer kein Land. Nach dem achten Tag hatten sie nichts mehr zu essen, und nach dem neunten Tag gab es nichts mehr zu trinken.

»Land in Sicht!« rief da der Bootsmann. Mit neuer Kraft ruderten die Piraten an die Küste.

Der Kapitän zog die kostbare Landkarte hervor, auf der der Schatz verzeichnet war, und führte seine Männer durch das Totenkopfgebirge zu den drei einsamen Bäumen.

»Hier müßt ihr graben«, sagte er.

Nach wenigen Minuten hatten sie ein großes Loch ausgehoben. Schon stießen ihre Schaufeln auf Metall! Sie fanden eine große Kiste im Sand. Der Kapitän schoß das verrostete Schloß auf und hob den knarrenden Deckel. Der Schatz gehörte endlich ihnen!

»Gut gemacht, Jungs«, sagte Vater. »Ich bin froh, daß ihr unser Proviantpaket wiedergefunden habt! Jetzt sammelt euer Spielzeug auf, es ist Zeit heimzugehen.

Das war vielleicht ein aufregendes Piratenabenteuer am Strand!

Mimis unsichtbarer Freund

Mimi war ein sehr kleiner Dinosaurier und wurde immer von den anderen herumkommandiert. Deshalb erfand sie eines Tages einen unsichtbaren Freund, der sie beschützen sollte. Sie nannte ihn Leonard.

Eines Tages war Mimi bei der dicken Dora zum Tee eingeladen. Mimi wußte, daß die dicke Dora immer alles allein aufaß.

Deshalb sagte Mimi zu ihr: »Das ist mein Freund Leonard. Er ist ein Höhlenmonster. Du kannst ihn nicht sehen, weil er unsichtbar ist. Aber er ist SEHR groß und SEHR gefährlich!«

Die dicke Dora bekam Angst.

»Keine Sorge«, sagte Mimi. »Unsichtbare Höhlenmonster sind friedlich, wenn sie genügend Schokoladenkuchen bekommen.«

Die dicke Dora schnitt schnell ein riesiges Stück Kuchen für Leonard ab. Aber als sie gerade nicht hinschaute, aß Mimi es selbst auf.

»Leonard hat noch immer Hunger«, sagte Mimi dann.

Die dicke Dora gab Leonard vier weitere Stücke Kuchen, neun Felsenbrötchen und sechs Gläser Limonade. Mimi war am Ende pappsatt!

Um fünf Uhr verabschiedeten sich Mimi und Leonard höflich. »Danke Dora«, lächelte Mimi. »Leonard ist wirklich gefährlich. Aber er bleibt friedlich, wenn du ihn wieder zu dir einlädst.«

Sascha Säbelzahn

Sascha war eine sehr unglückliche Katze. Die anderen Saurier ärgerten ihn dauernd. Sie sprangen mit Gebrüll hinter Büschen hervor und erschreckten ihn. Sascha wurde immer ängstlicher.

Eines Nachts bekam er gräßliche Zahnschmerzen.

»Aua, auuuu!« jammerte er, denn sein Maul tat so weh.

Am nächsten Morgen war Sascha sehr schlecht gelaunt. Er ging in den Wald, wo die anderen Saurier spielten, aber als sie ihn sahen, rannten alle davon.

»Wovor haben die bloß Angst?« rätselte Sascha und sah sich um. Da entdeckte er sein Spiegelbild im Fluß und erschrak beinahe vor sich selbst!

»Deshalb sind alle weggelaufen. Ich habe heute nacht neue, riesige und gefährlich aussehende Zähne bekommen«, sagte Sascha glücklich. »Jetzt muß ich nie mehr vor etwas Angst haben.«

Sascha hatte bald viele neue Freunde und niemand traute sich mehr, ihn zu ärgern, denn jetzt war er ein gefährlicher Säbelzahntiger!

Partyspiele

»Warum bekomme ich keine Geschenke?« maulte Dieter Diplodocus. Er war auf Tina Triceratops' Geburtstagsparty, und sie hatte viele Geschenke bekommen.

»Du hast ja nicht Geburtstag«, sagte sein Vater.

»Wir machen jetzt ein paar Spiele«, rief Tinas Mutter. »Der Sieger gewinnt einen Preis!«

Sie spielten die Reise nach Jerusalem, und Dany gewann Süßigkeiten. Dann spielten sie Blindekuh, und Katja gewann ein Malbuch. Danach spielten sie Topfklopfen, und Hannes gewann ein Spielzeugauto.

»Jetzt spielen wir Schatzsuche«, sagte Tina, aber Dieter wollte nicht mitmachen. Er saß schmollend in einer Ecke.

Die Saurier suchten den Schatz überall, aber niemand konnte ihn finden.

»Wie ich sehe, hat jemand den Schatz gefunden«, sagte da Tinas Mutter. »Dieter Diplodocus, komm und hole deinen Preis ab!«

»Ich?« dachte Dieter verwundert. »Ich habe doch gar nicht mitgespielt.« Er wurde rot und stand auf.

Dann sah er, daß er die ganze Zeit auf dem Schatz gesessen hatte!

Der Detektiv

Daniel wollte unbedingt Detektiv werden. Die ganze Zeit versuchte er, Verbrecher zu fangen, aber er hatte noch nie einen erwischt.

Eines Tages wollte Daniel seinen Onkel Paul besuchen. Er klopfte dreimal laut an die Tür, aber niemand öffnete. Daniel spähte durchs Fenster und sah erschrocken, daß sein Onkel Paul gefesselt hinter dem Sofa lag!

»Das waren bestimmt Einbrecher!« dachte Daniel. »Wahrscheinlich die Krokodilbande, die schon lange von der Polizei gesucht wird«, überlegte er aufgeregt.

Daniel dachte so angestrengt darüber nach, wie er seinen Onkel retten könnte, daß er vor Schreck einen Luftsprung machte, als Onkel Paul über seinen Schwanz stolperte.

»Onkel Paul!« rief er, »aber du … aber wer liegt dann gefesselt hinter dem Sofa?«

»Wieder mal auf Verbrecherjagd, Daniel?« lachte sein Onkel. »Hinter dem Sofa liegt ein Bündel alter Kleider von mir. Ich räume gerade meinen Schrank aus. Und wenn du schon mal hier bist, kannst du mir gleich dabei helfen.«

»Schon wieder ein Reinfall!« stöhnte Daniel.

Das Schleckermaul

Katrin freute sich schon seit Wochen auf ihre Geburtstagsparty. Diesmal würde sogar ein Zauberer kommen, der allerlei Tricks vorführen sollte. Katrin konnte es gar nicht mehr erwarten! Endlich kam der große Tag, und Katrin zog ihr schönstes Kleid an.

Dann schlich sie in die Küche und betrachtete den Tisch, den ihre Mutter für die Party gedeckt hatte.

»Niemand wird es bemerken, wenn ich nur ein ganz kleines Würstchen esse«, dachte Katrin.

Doch ehe sie sich versah hatte sie nicht nur einige Würstchen gegessen, sondern stopfte nun, so schnell sie konnte, Brötchen, Plätzchen und Pudding hinterher. Da läutete es an der Tür. Die Partygäste kamen.

Katrins Freunde hatten ihr Bonbons, Schokolade und Lutscher mitgebracht, und ihre Mutter schnitt ihr ein extra großes Stück Geburtstagskuchen ab.

Katrin hatte schon Magenschmerzen, aber sie wollte sich nichts anmerken lassen und aß alles auf.

Im nächsten Jahr würde sie nicht mehr schon vorher so viel essen!